Minha lição de fé

Waldir de Lazzari

Carlos Magalhães

Minha lição de fé

EDU
PRIMAVERA
EDITORIAL

Apresentação

Em meados do ano de 1996, fiquei sabendo que aconteceria um show da dupla Gian & Giovani em Itapecerica da Serra (São Paulo), cidade onde eu morava na época, e que no dia estaria presente um famoso compositor chamado Waldir de Lazzari, cujas músicas haviam sido gravadas por diversos intérpretes, dentre eles, Leandro & Leonardo.

Fui ao seu encontro com o intuito de lhe mostrar algumas de minhas composições, para ver se ele poderia me indicar a melhor forma a proceder para entregar minhas músicas aos intérpretes. Waldir de Lazzari me atendeu de imediato e carinhosamente e, muito gentilmente, fez o convite para que eu fosse até a sua residência, para fazermos uma parceria de composição.

A parceria se concretizou alguns dias depois, transformando-se em uma grande amizade, e a mantemos desde então, nos permitindo compor inúmeras músicas juntos, além de desenvolvermos este e alguns outros projetos.

Carlos Magalhães (autor, compositor, escritor e empresário)

Agradecimentos

Agradeço à minha esposa, Tanali, e à sua família, minha mãe, Doraci, meu pai, Geraldo (em memória), aos meus irmãos e meus queridos familiares que nunca desistiram de mim e também a todos os meus amigos que fizeram e fazem parte de minha luta e de minha história de vida.

Aos leitores, seguidores, parceiros de trabalho, a todos os colaboradores, e aos moradores do Jardim Neli-Butantã, bairro onde eu moro.

Mas, principalmente, agradeço a DEUS por ter colocado todas essas maravilhosas pessoas no meu caminho, por ter me permitido essa missão de vida, agraciando-me com tanto aprendizado e por ter me transformado num homem de FÉ.

WALDIR DE LAZZARI

Agradecimentos

Agradeço, primeiramente, a Deus pelo Dom de minha vida.

Aos amores e luz da minha vida: minha mãe, Maria de Jesus Teixeira, meu pai, Alberto de Magalhães (em memória), minha esposa, Edna Cristina Soares, e meus filhos, Jean Michel, Rafaela e Luis Albert.

Também agradeço a uma pessoa muito especial, Maria Rosalina de Sousa (madrinha de meus filhos), e a todos os meus amados familiares e amigos. Destaco aqui alguns por fazerem parte diretamente deste projeto: Lourdes Magalhães, Daniel C. Sanches (Rosinha), João Luiz R. Borges, Francisco Martins, Mônica Vieira, Luciano Rocha (Tempo de Reflexão), Raquel Menezes, Marcos Trombetta, Villas Santos (em memória), e sua esposa, Eliana Santos, e um agradecimento especial a meu irmão de luta e fé, Serginho (Gabriel). Agradeço também a cada amigo que fez e/ou ainda faz parte das páginas de minha história de vida e que de alguma maneira contribuíram para que eu me tornasse quem sou e chegasse até aqui, aos quais me desculpo, mas que de tantos não caberia fazer menção individual neste pequeno espaço.

Um agradecimento mais do que especial ao meu amigo-irmão Waldir de Lazzari, que, desde 1996, permitiu que eu fizesse parte de sua família solidificando a cada dia mais a nossa amizade de quase vinte anos. Por tantos exemplos que me levaram à necessidade de aprender a ouvir mais a voz do meu coração e da minha inspiração, exemplos que contribuíram para meu crescimento espiritual e me fizeram reavaliar alguns valores essenciais da vida, por cada exemplo de *força* e *fé* que me levaram a seguir uma nova estrada rumo à minha verdadeira missão de vida. Sou grato pela confiança de nossa parceria e por ter me convidado a participar deste trabalho, como coautor deste livro, que traduz em relevantes exemplos e mensagens a maravilhosa e inspiradora história deste homem. Agradeço eternamente pela felicidade imensurável de poder ser parte integrante de sua história de vida.

Carlos Magalhães

Esta obra não se trata de ficção, seu completo teor relata somente fatos reais.

Coincidências existem?

"A causa da derrota, não está nos obstáculos, ou no rigor das circunstâncias, está na falta de determinação e desistência da própria pessoa."

BUDA

Naquela época, meados de 1986, eu tinha 23 anos e ainda trabalhava em uma metalúrgica no bairro Jardim Piratininga, em Osasco, São Paulo. Levava uma rotina como a de qualquer outra pessoa, e nessa minha vidinha normal eu trabalhava no horário comercial, de segunda a sexta-feira. Isso, claro, quando não me chamavam para fazer hora extra e então eu tinha que trabalhar na empresa aos sábados e, às vezes, até aos domingos. Os finais de semana eu aproveitava para jogar futebol, passear de bike, tirava para meu lazer e também para namorar, pois eu havia acabado de ficar noivo.

Costumeiramente, depois do final do expediente, eu pegava carona com meu tio Dário no seu fuscão amarelo. Em um desses dias, no trajeto de retorno, algo começou a me chamar atenção, bem ali, na marginalzinha do Rio Tietê, em uma casinha simples, quase todos os dias eu avistava no quintal um jovem rapaz, bem-vestido, de boa aparência, barba aparada, dava para notar que era uma pessoa bem cuidada. Mas, apesar da distância em que o via, ele passava, através de seu semblante sério, um ar de tristeza, que imaginei, talvez se desse pelo fato de ele estar sempre ali sozinho, imóvel, sentado em uma cadeira de rodas.

Eu pensava comigo mesmo: "Poxa vida, como deve ser difícil a vida desse rapaz? Uma pessoa presa a uma cadeira de rodas, totalmente dependente de outros para seguir adiante, sem poder se locomover sozinho, a não ser, por meio da ajuda de outras pessoas". Confesso que por mais que eu pensasse em algumas de suas possíveis dificuldades, eu tinha apenas parâmetros superficiais; nem de longe eu imaginaria a profundidade de suas restrições e limitações, mesmo assim, aquela situação já mexia comigo a tal ponto de me comover e, às vezes, até me emocionar.

Assim se passaram algumas semanas, meses, e de tempos em tempos eu me pegava refletindo a respeito daquela situação, em silêncio. Até que um dia resolvi compartilhar e comentar o assunto com o com meu tio Dário, perguntando o que ele pensava a respeito, um rapaz jovem com uma vida inteira pela frente, com sonhos, planos, projetos, ambições, e se vendo ali, dia após dia, naquela mesma situação, limitado fisicamente em uma cadeira de rodas. O que será que se passava na cabeça e no coração daquele jovem rapaz?

Então meu tio me respondeu:

– Waldir, sinceramente, o que se passa na cabeça dele eu não faço a mínima ideia, mas se fosse comigo, se eu estivesse naquela mesma situação eu acho que não suportaria, eu preferiria morrer a ficar dessa maneira pelo resto dos dias, depender dos outros para tudo, sem poder fazer mais nada na vida!

Prontamente interrompi meu tio, o questionei:

– Como assim, tio? Sem poder fazer mais nada na vida? Ainda que ele dependa de outras pessoas, para suprir algumas de suas limitações, elas são apenas físicas, a vida dele continua, acredito, sim, que ele possa seguir adiante e que ele tem potencial para concretizar seus desejos, e por que não? A realização de seus sonhos, só vai depender dele mesmo, de sua fé, de sua força de vontade, de sua atitude e daquilo que ele acreditar ser capaz! É claro que devido a algumas de suas limitações físicas, dependerá também da contribuição de sua família, amigos e daqueles que verdadeiramente se importarem com ele, mas eu acredito que ele pode, sim, continuar seguindo em frente rumo à conquista de seus objetivos.

Percebi que meu tio se perdeu em seus pensamentos, não concordou nem discordou, apenas não falou mais nada a respeito.

Diante de inúmeros pensamentos, fiquei ainda mais curioso e queria saber mais a respeito daquele rapaz. Embora todos os dias a gente passasse em frente à casa onde ele ficava, faltava coragem de pedir para meu tio parar o carro e perguntar diretamente ao rapaz o que havia acontecido e que o deixou naquela situação, em uma cadeira de rodas.

Um dia, ao abastecer num posto de gasolina próximo àquela residência, perguntei ao frentista que nos atendeu se ele conhecia aquele rapaz e se sabia o que havia acontecido com ele. Foi então que eu soube seu nome (Oswaldo), que ele tinha 25 anos, era tetraplégico e estava naquela situação fazia dois anos devido a um grave acidente de carro que sofrera na marginal do Rio Pinheiros. Também soube que ele era casado e que alguns meses após o acidente sua mulher na época o abandonou levando com ela seus dois filhos, ficando ele aos cuidados de seus pais.

O frentista ainda comentou que ele era trabalhador, e que sempre foi uma pessoa muito bacana, extrovertida, muito querida por todos no bairro, que todo mundo o adorava. A força daquele rapaz era admirável de se ver, pois mesmo estando naquela situação continuava lutando por sua vida, e que, de acordo com a opinião do frentista, ele não merecia de jeito nenhum estar passando por essa experiência e permanecer naquela condição.

– Mas fazer o quê? A vida é mesmo assim, cheia de surpresas! – finalizou o frentista.

A partir daquele dia, sempre que eu passava em frente à casa do rapaz e o via sentado em sua cadeira de rodas, passei a olhá-lo com outros olhos; não mais com pena ou com dó como eu sentia até então, por ele estar naquela situação, mas mesmo sem o conhecer pessoalmente passei a olhá-lo com uma admiração inexplicável por entender que mesmo naquela situação, de limitações físicas, ele continuava lutando e não havia desistido de viver. Ainda me perguntava o porquê de aquilo ter acontecido com um pessoa boa, pai de família e trabalhador, conforme o frentista mesmo falou.

Confesso que, em alguns momentos, eu chegava a sentir um pouco de medo e receio de que uma situação parecida pudesse acontecer com alguém de minha família, com qualquer um de nós, ou até inclusive comigo mesmo, chegava a me arrepiar com esses pensamentos, e nesses momentos imaginava como seria se acontecesse comigo e o que eu faria diante de uma mesma situação. Questionava-me também, se eu teria a mesma fé que ele, as mesmas forças que ele para continuar lutando pela vida...

Ainda mais eu, que sempre fui um cara muito vaidoso. Eu fazia academia, jogava futebol e me preocupava demais com a minha aparência física. Nunca fui convencido, mas me achava muito bonito, minhas pernas, meu porte e vigor físico, meu corpo, meus cabelos, realmente eu me achava um cara bem-apessoado.

Às vezes eu me pegava diante do espelho e, ao olhar minha imagem refletida nele, me perguntava como será que eu me sentiria na mesma situação de Oswaldo. Será que alguém ainda gostaria de mim? Como seria minha vida? Se eu perdesse meus movimentos, minha capacidade de me locomover ou quaisquer outros de meus atributos? Como seria minha vida se por acaso me acontecesse algum acidente ou algo parecido com o que aconteceu com aquele rapaz?

Desde então dei mais importância a alguns detalhes que por muitos anos passaram por mim desapercebidos. Simples gestos corriqueiros, como levantar pela manhã, lavar o meu rosto, escovar meus dentes, pentear meus cabelos, fazer a barba, escolher, separar e vestir a roupa desejada, tomar meu café e seguir para o meu trabalho, com minhas próprias pernas.

Na maioria das vezes, reclamava da vida, claro, sem nenhum motivo aparente, por sempre focar nas situações negativas do dia a dia, reconhecia que meu dia começava com mais reclamações do que agradecimentos.

Percebi que dificilmente eu agradecia por ter acordado, pela minha saúde, pela minha família, por estar empregado, e por todas demais dádivas divinas que se fazem presentes na vida da maioria das pessoas e, que embora sejam muitas, ainda assim em grande parte das vezes passam por nós desapercebidas.

Comecei a observar que todas as manhãs, rotineiramente, eu saía de casa sem fazer sequer uma oração de agradecimento a Deus, pelo milagre de mais um dia de vida, repleto de oportunidades onde eu teria a chance de mais uma vez escolher as melhores sementes a plantar que me permitiriam os frutos das futuras colheitas.

Por tudo isso, comecei a me esforçar a fim de mudar minhas atitudes e reforcei ainda mais minha admiração por aquele rapaz, pela sua capacidade de encarar suas limitações e continuar disposto a lutar, mesmo diante de tamanhas adversidades.

Mas, como disse o frentista: "A vida é mesmo assim, cheia de surpresas!".

"A vida é uma peça de teatro que não permite
ensaios. Por isso, cante, chore, dance, ria e viva
intensamente, antes que a cortina se feche
e a peça termine sem aplausos."

Charles Chaplin

Pode acreditar, esta história é real, não se trata de ficção. Aconteceu comigo!

Aconteceu comigo!

"O medo corta mais profundamente
do que as espadas."
George R. R. Martin (Game of Thrones)

É fato que nossa vida é feita de escolhas e o livre-arbítrio nos permite tomar a decisão de qual caminho seguir, de qual semente plantar, comigo não foi diferente, alguns caminhos poderiam ter me levado para outros rumos, mas assim aconteceu comigo...

***

Um dia antes do acontecimento, num sábado, dia 28 de março de 1987, eu tive a primeira oportunidade de escolha e decisão ao ser convidado pela minha mãe, dona Doraci, e pelo meu padrasto, Dirceu, para ir a um almoço na casa da minha tia Margarida em Itu, interior de São Paulo, onde passaríamos o final de semana por lá.

Poderia ter escolhido essa opção, ter almoçado com meus tios, com minha família e (talvez) retornar para São

Paulo da mesma maneira que tivesse ido: caminhando com minhas próprias pernas sem nenhum problema; mas optei por não ir e afirmei que preferia ficar em São Paulo. Decidi por ficar para ir a um casamento de amigos. Mas ainda assim tive uma segunda chance de escolha, fui ao casamento e depois da festa optei por dormir fora, com o plano de voltar para casa pela manhã, pegar a minha bike e pedalar pela Cidade Universitária (eu também gostava muito de andar de bicicleta), já estava decidido que eu não jogaria futebol naquela manhã de domingo como habitualmente eu fazia.

Eu ainda não sabia por qual motivo convencionara isso em minha mente, mas talvez por instinto ou pressentimento eu já estava decidido que assim seria; porém mais uma vez lá estava o livre-arbítrio me permitindo a liberdade de fazer uma escolha e eu, novamente, fiz a minha...

Ao chegar em casa pela manhã, em vez de pegar a bike e seguir para a Cidade Universitária, resolvi dormir um pouco mais. Estava disposto a não atender quem quer que fosse, porque a ideia de que eu não jogaria futebol naquele domingo continuava certa e clara na minha mente, mas como disse meu caro frentista: "A vida é assim mesmo, cheia de surpresas!".

Fiquei curioso, quando alguém ficou gritando meu nome no portão, insistindo, não resisti e fui ver quem era. Um amigo, o Maurão, me chamava para ir jogar bola, alegando que seria um jogo difícil e muito legal, e que o time do nosso bairro precisaria do meu reforço para maiores chances de ganhar o troféu do torneio.

Minha terceira e última oportunidade de escolha se apresentou.

Por algumas vezes segui minha intuição negando o convite, falando ao meu amigo que não iria, que eu preferia ficar em casa descansando, devido à festa de casamento do dia anterior que rolou quase a noite inteira, na qual dancei até me cansar. Aleguei que talvez nem fosse uma boa a minha presença no time, mas meu amigo continuou insistindo e diante da insistência dele e devido à minha louca paixão pelo futebol, que era meu principal *hobby* e uma das coisas que eu mais amava, acabei por fazer uma nova escolha, resolvi ir contra aquilo que eu já havia predeterminado e tomei a decisão de ir com meu amigo para o jogo de futebol naquela linda manhã de domingo.

Um domingo inesquecível, no dia 29 de março de 1987, maravilhoso, um dia muito ensolarado, temperatura agradabilíssima para uma partida de futebol, com muitos amigos presentes, muita gente à volta do campo. Parecia que tudo já estava preparado, com um roteiro, que preencheria uma das principais e mais tristes páginas do livro da minha história de vida, estava tudo pronto, todos ali para assistirem (mesmo sem saberem) ao pior e mais trágico espetáculo da minha vida, e eu, Waldir de Lazzari, seria o autor e personagem principal e único responsável, pelo roteiro, pela direção e por todo o teor e conteúdo desse filme que hoje espelha a minha própria história de vida.

Às dez horas da manhã daquele domingo (como diria Fiori Giuliote, um dos maiores locutores esportivos do qual eu era muito fã): "Abrem-se as cortinas e começa o espetáculo!".

Fogos de artifício por todos os lados, foguetes, rojões, uma roda de samba animava o espetáculo, todos cantando, se divertindo alegremente. Lembro-me, como se fosse agora, todos de nosso time, E.C. Nelli do Butantã, com meias, calções e camisas na cor azul, o número da minha camisa era 4, pois naquele dia me colocaram para jogar de quarto zagueiro e não de lateral direita que era minha posição original e costumeira. Também me lembro que o time adversário estava todo de verde, até comentei com um jogador do meu time:

– Dá a impressão de que vamos jogar contra o Palmeiras. – Mas se tratava do Guarani da Casa Verde.

Foram apenas cinco minutos de jogo, e em uma dura disputa de bola aérea, só me lembro de ver um cotovelo vindo em minha direção, ao virar o rosto por instinto, para que não fosse atingido na boca, fui atingido pelo cotovelo do outro jogador com violenta força na minha nuca.

Naquela fração de segundos, no tempo de um piscar de olhos, o meu mundo inteiro desabou, levando-me imediatamente ao chão. Caído no gramado instantaneamente, me vi ali imóvel por completo, ainda consciente, mas sem qualquer reação motora.

Ali eu já imaginava e pressentia a gravidade do ocorrido, pois não sentia mais nenhum dos meus membros; por mais que eu tentasse não conseguia, qualquer esforço meu em levantar minhas mãos, pernas, o meu corpo foi totalmente em vão.

Nem parecia que era real, desejei por um instante estar desacordado e sonhando, mas meus olhos estavam bem abertos, vozes chamavam meu nome e que perguntavam como eu estava, como eu me sentia, para eu não me mexer...

Eu me vi ali, sem nenhum domínio sobre mim, feito um boneco de pano jogado no chão, rodeado por amigos, e muitas outras pessoas, todos ali também sem nada poder fazer e sem saber como proceder, apenas me observando naquela situação, permaneciam em minha volta quase que me sufocando, foi então que eu tive a real noção do que havia ocorrido, mas também desconhecia totalmente quaisquer procedimentos a serem seguidos, e nada falei quando dois ou três amigos me pegaram pelas pernas e pelos braços e me colocaram no banco da frente de um fusca, não esperaram pelo resgate, que seria o correto para um socorro mais especializado, que com certeza tomariam como primeiro procedimento a minha imobilização. Ao fecharem a porta do carro, alguém gritou que meu braço havia ficado para fora, mas eu já havia sofrido o impacto da porta, sem nada sentir quase sofri uma outra fratura.

Mas mesmo assim ninguém se deu conta da real gravidade de minha lesão. Alguém empurrou meu braço para dentro do veículo, e lá fomos nós, na máxima velocidade possível, enquanto um amigo segurava meu corpo o outro sustentava minha cabeça para diminuir os impactos e não permitir que eu fosse jogado de um lado para outro dentro do fusca. Às vezes, quando passava por alguma lombada mais rápido, meus amigos não davam conta de me segurar, e eu, devido aqueles movimentos bruscos, percebia ao mexer a minha cabeça que meu pescoço estava totalmente solto e eu não tinha qualquer domínio sobre ele (ainda não sabia, mas estava quebrado!).

No trajeto até o hospital só pensava comigo: "Será que eu vou escapar dessa com vida?".

Nunca está tão ruim que não possa piorar...

"Não sabendo que era impossível, ele foi lá e fez."

Jean Cocteau

Não demorou nem vinte minutos para chegarmos naquele fusca ao antigo Hospital Iguatemi, na Avenida Francisco Morato, Vila Sônia. Foi destacada uma junta de médicos de plantão para me atender, mas, depois de me darem os primeiros socorros nem eles mesmos sabiam exatamente como proceder, pois até aquele momento não haviam ainda tratado nenhum paciente com o mesmo tipo de acidente e gravidade.

Eu estava com o pescoço totalmente sem firmeza, me lembro de um dos doutores falando:

– Quebrou o pescoço, como pode ainda estar consciente?

Foi então que se apressaram em ligar para o Hospital das Clínicas (por volta das onze da manhã) para solicitar em caráter emergencial a vinda de uma equipe médica de neurologistas especializada naquele tipo de trauma.

Enquanto a nova equipe não chegava, fui medicado; foram tiradas algumas radiografias e foi constatada uma fratura gravíssima na altura da terceira e da quarta vértebras.

Eu, ali, imóvel, sem nada sentir; esperando naquela maca no corredor do hospital. O tempo parecia não passar; para mim parecia uma verdadeira eternidade. Mais de cinco horas se passaram, e por volta das quatro da tarde chegaram os neurologistas do Hospital das Clínicas, e pude então ser avaliado de forma mais efetiva.

Foi confirmado o traumatismo na terceira e quarta vértebras da minha coluna e constatada uma lesão gravíssima de mais ou menos meio centímetro na medula, embora ainda não soubessem a extensão total dos traumas, nem quais seriam as exatas consequências que essa lesão causaria, todos foram unânimes em afirmar que devido à forma como eu fui carregado e transportado naquele fusca, sem a devida imobilização, com certeza havia agravado ainda mais o meu trauma inicial.

Naquele momento, um misto de desespero, medo e revolta começou a tomar conta de mim. Enquanto lutava com meus sentimentos, meus olhos pesavam e as pálpebras se fechavam, só deu tempo de ouvir que alguém falava que já haviam me sedado e anestesiado, e que eu teria de ser operado imediatamente para tentarem fixar o meu pescoço e colocar as vértebras em sua devida posição.

***

Depois de sete longos dias de coma, que para mim pareceu não mais que alguns poucos minutos, retornei a mim. Fiquei, então, sabendo que a cirurgia durou por volta de cinco horas e que tudo havia ocorrido de acordo com o que os médicos previam, colocaram as vértebras no lugar, estabilizaram meu quadro e me induziram ao coma para aguardar alguns dias e analisarem o andamento de minha recuperação. Esperavam que com essa primeira cirurgia aconteceria a solidificação das vértebras durante o período de coma induzido.

Nem bem havia dado tempo de assimilar direito todas essas informações, e lá estava eu novamente fazendo exames e tirando radiografias. Não demorou muito e recebi a notícia de um médico, dizendo que infelizmente não haviam logrado o êxito esperado na fixação do meu pescoço e teriam que me operar novamente, desta vez colocariam uma haste (a qual possuo até hoje) que só tinha nos Estados Unidos, e por esse motivo eu teria que aguardar o tempo do traslado da peça para procederem com a segunda cirurgia.

Permaneci por mais uma semana na UTI, totalmente imobilizado, com uma tração na cabeça, um peso imenso para evitar movimentos na minha cabeça e pescoço, fizeram tudo que estava ao alcance para minimizar a possibilidade de agravar ainda mais a minha condição.

Aquilo era horrível, eu ali, olhando para o teto, totalmente imóvel, por aproximadamente uma semana, para mim um período interminável, naquela angústia, parecia estar totalmente inanimado, restando-me apenas as minhas memórias do passado e a esperança de um milagre que eu ainda acreditava que poderia acontecer.

Após o implante da haste, percebi que eu estava apenas conseguindo sussurrar, eu queria falar, mas a minha voz não vinha, eu simplesmente não conseguia. Questionei ao médico que me atendia o motivo de eu ter que ficar daquele jeito, constantemente entubado a um aparelho de respiração e por que eu havia perdido a minha capacidade de fala. Fui então informado de que foi necessário fazer uma traqueostomia, para que eu pudesse respirar por meio de um aparelho. Como a cirurgia foi feita no pescoço, não teria como eu respirar normalmente, tudo isso devido à lesão na medula.

Lá estava eu, delirando com meus pensamentos e ressentimentos, reclamando da minha sorte e revoltado com aquela situação, foi quando me lembrei de um velho ditado: "Nunca está tão ruim que não possa piorar".

Naquele mesmo período, uma médica que fazia um procedimento de aspiração, ou seja, retirar por intermédio de um aparelho de sucção, a secreção acumulada em meus pulmões, falou que estava tudo correndo dentro da expectativa, considerando a gravidade do meu quadro.

– E quais seriam minhas reais chances e tempo previsto para recuperação pós-implante?

– A lesão o deixou irreversivelmente tetraplégico, o simples fato de colocar a haste não vai reverter o seu quadro de tetraplegia. Você não tem nenhuma chance de voltar a ter uma vida normal de novo – ela informou, com naturalidade e frieza. – Você precisa permanecer em um leito, com o auxílio de aparelhos para respirar – completou.

Em outras palavras, entendi que eu teria que ficar vegetando pelo resto de minha vida.

Pela segunda vez o mundo desabou, só que com o peso de um universo inteiro! Tudo estava acabado, a partir daquele momento, por alguns segundos, um turbilhão de pensamentos sem nexo, começaram a me deixar zonzo, um aperto no peito me sufocava, algumas lágrimas rolaram pelo meu rosto. Após um suspiro um pouco mais intenso e profundo, minha mente pairou sobre um único pensamento: "Tudo isso deve ser apenas coisa da minha imaginação, um pesadelo, talvez eu ainda esteja em coma".

Delirando com tantos sentimentos instáveis, às vezes me vinha um desespero tal, junto com um amargo na alma, uma revolta por Deus ter permitido que aquilo tivesse acontecido comigo e um desejo interminável de querer morrer. Mas, subitamente, desejava lutar pela vida, pois uma certeza me invadia, me alimentando sobre a possibilidade de que todos poderiam estar enganados.

A essa altura, lembrei do rapaz da cadeira de rodas, do Oswaldo, e sobre a opção de meu tio quando disse que se fosse assolado por uma situação dessa preferiria a morte. Eu o rebati naquela ocasião, dizendo que a vida não havia acabado, porém, agora, eu me via obrigado a concordar com o fato de que ele não estava de todo errado... Talvez o melhor mesmo fosse morrer se tudo aquilo fosse definitivamente irreversível, se não se tratasse apenas de um pesadelo. Infelizmente, tudo era real...

De repente, percebi um agito na UTI, vi os enfermeiros entrando no quarto, tirando a tração, colocando-me em um outro aparelho de respiração portátil e me transferindo para outra maca.

– Já está tudo pronto para a nova cirurgia – falou um médico que entrou no quarto.

E lá fui eu novamente levado pelos enfermeiros para fazer a segunda cirurgia. Nessa hora, bateu uma angústia, um desespero sufocante, mesmo com o aparelho me faltava o ar, arrependi-me de ter desejado a morte e um medo terrível me afligiu, da possibilidade de eu não voltar vivo daquela cirurgia.

Um misto de medo, arrependimento, preocupação e vergonha pelos pensamentos que tive me deixou ainda mais preocupado e fez com que ao chegar à sala de cirurgia eu perguntasse ao médico:

– Eu corro risco de morte?

Pouco antes do início ele respondeu:

– Corre risco, sim, Waldir, mas tenha fé em Deus que tudo vai correr bem.

Só lembro de pedir a Deus em pensamento, perdão por tudo, pela minha revolta, pelos meus ingratos pensamentos e para Ele não me deixar morrer, para Ele cuidar de mim e adormeci...

***

A cirurgia durou mais de nove horas, desta vez entrei em coma espontâneo sem a indução dos médicos devido à delicadeza e complexidade da cirurgia, e assim fiquei por mais de um mês.

Nesse período, lembro de ter visto algumas pessoas cuidando de mim, às vezes via nitidamente essas pessoas as quais eu não conhecia (ou pelo menos não conseguia reconhecer) vindo me visitar, outras vezes via somente alguns vultos, e algumas pessoas vestidas de branco; ouvia vozes, mas não posso afirmar se eram enfermeiros, médicos, amigos ou familiares, até hoje não sei definir onde o limite da realidade se confundia com a imaginação, talvez tudo fosse apenas um sonho, imaginação, algumas visões ou delírios da minha própria consciência ou inconsciência.

Até hoje, alguma coisa no meu íntimo, me dá a certeza de que passei por uma experiência de quase morte, às vezes tudo parecia tão real e outras vezes nada fazia sentido. Eu ouvia as pessoas falando ao meu lado, mas não conseguia traduzir o que aquelas vozes diziam. Lembro apenas que as palavras me contagiavam com uma energia, uma força inexplicável e sem termos frente à nossa compreensão.

Às vezes, já me via ou me imaginava numa cama no quarto do hospital e, às vezes, me via em um quarto diferente, em um lugar totalmente desconhecido onde as pessoas se vestiam de branco e eu era cuidado por alguns senhores mais velhos de barba branca, e novamente lá estava eu ouvindo vozes sem entender absolutamente nada.

Também nesse período passei algumas outras complicações, dentre elas, tive duas pneumonias, algumas infecções e seus respectivos agravantes. Devido a elas, em dado momento, os médicos chegaram a falar para meus familiares que o fato de eu permanecer em coma somado ao agravante de tantas complicações dava a possiblidade de menos de meio por cento de vida. Todos entraram em desespero, minha família então se apegou à fé em Deus e passou a se reunir frequentemente com meus amigos e vizinhos do bairro, para rezarem por mim, pedindo pela minha recuperação, alguns até fizeram promessas.

Hoje tenho certeza que de alguma forma todas as preces e promessas foram indubitavelmente atendidas por Deus.

A cada dia que passava, a minha chance de recuperação começava a aumentar, de meio por cento passou para cinco, dez, vinte, cinquenta por cento e assim sucessivamente até que despertei do coma.

Passaram mais ou menos quarenta dias, a primeira pessoa que me recordo de ter visto ao voltar do coma foi a minha amada mãe, ali do meu lado. Recordo, como se fosse hoje, que essa foi a melhor visão de minha nova vida: minha mãe ali de pé, juntinho de mim, me abraçando, beijando:

– Meu filho, você está fora de perigo, daqui para frente você precisa ter muita força de vontade – falou, com lágrimas nos olhos. – Você pode contar comigo, pois estarei sempre junto de você. Eu acredito totalmente na sua recuperação, meu filho.

Eu já sabia que aquelas palavras eram mais uma forma de incentivo do que a própria realidade, pois eu sabia que ela também tinha noção real do que havia acontecido comigo e tinha a certeza de que a luta dali para frente seria muito árdua, mas aquele beijo da minha mãe foi o presente mais valioso, o melhor presente que eu recebi em toda minha vida; dinheiro nenhum poderia pagar nem comprar. Aquele beijo me fez sentir o homem mais rico, a pessoa mais importante do universo, me deu a certeza de que eu era verdadeiramente amado e que Deus havia me dado uma nova chance para viver, já que agora tudo era real e eu ainda continuava vivo.

Minha mãe tinha conhecimento sobre a gravidade do que acontecera comigo e a possibilidade de ser irreversível, mas não se deixava abater (ao menos não na minha frente) alguma força dava-lhe a certeza de que eu não permaneceria naquela situação, ligado a aparelhos, sem falar e sem poder sentar para sempre, ela se agarrava a Deus e confiava no poder de sua fé, não perdia a esperança de me ver pelo menos parcialmente recuperado.

Fiquei na UTI por aproximadamente uns dez dias, durante esse período soube que a cirurgia desta vez ocorrera conforme os médicos haviam planejado: a haste foi implantada e o meu pescoço foi fixado da maneira que eles pretendiam.

Novamente colocaram a tração e continuei com o aparelho de respiração, colocaram também um colete para auxiliar na minha imobilização, um colete de alumínio e couro, envolvendo meu peito e todas minhas costas. Enquanto eu estava ali todo imobilizado, por vezes fazia aquela viagem de volta ao meu emprego, ao trajeto para casa, no carro do meu tio, e vinha a imagem de Oswaldo na sua cadeira de rodas em minha mente, então eu me perguntava: "Como será viver daquele jeito para sempre, será que eu não vou conseguir, nunca mais, sequer ficar sentado?".

Naquele momento, a possibilidade de ficar (ainda que para sempre) sentado numa cadeira de rodas já me parecia algo bem razoável, se pelo menos isso fosse possível, seria um enorme êxito. Mas será que nem isso eu conseguiria? Será que a médica estava certa, e eu não voltaria a respirar sem aparelhos? Eram tantas perguntas ainda sem respostas, dúvidas e mais dúvidas... Como será, como eu faria para viver daquele jeito?

Embora eu tivesse muito a agradecer a Deus por ter me dado uma nova oportunidade de vida depois de tantos dias de coma, mesmo depois de saber que já tinha passado a parte mais crítica de risco de morte, mesmo ciente de que todos familiares e amigos rezaram muito, fizeram promessas e continuavam ali firmes, torcendo por mim, não sei explicar o porquê das minhas recaídas. Às vezes, de repente, uma tristeza inconsolável me assolava, remetia a um desespero, uma angústia avassaladora seguida de uma vontade imensa de fechar os olhos, dormir e não mais acordar.

Mas, como Deus ainda tinha muitos planos para mim, ainda ali, dentro da UTI, um desejo de lutar me invadiu, uma certeza que, se eu tentasse, eu poderia me livrar do aparelho de respiração. Busquei forças naquela esperança, acreditei ser capaz e ganhei então uma carga extra de coragem que me despertou para uma enorme vontade de vencer aquele aparelho; ao mesmo tempo em que as palavras da médica estavam em minha mente, também surgia uma voz clara dizendo que ela estava errada e que só dependeria de mim vencer essa primeira batalha e provar para mim mesmo e para todos que eu seria capaz.

> "Nas grandes batalhas da vida, o primeiro passo para a vitória é o desejo de vencer."
>
> MAHATMA GANDHI

Assim começou minha luta para me livrar do aparelho, ainda ali, na UTI, comecei pedindo a uma médica que desligasse por apenas alguns segundos o aparelho de respiração artificial, a fim de saber quanto tempo eu conseguiria respirar sem ele. Na primeira tentativa, não consegui segurar nem cinco segundos e me faltou o ar, o aparelho foi religado imediatamente, mas passei a tornar esse exercício uma rotina e o tempo sem a necessidade de aparelho aumentava a cada tentativa.

E assim se seguiu, tentativa após tentativa, eternos minutos livre do aparelho, até que após alguns dias consegui respirar sem aparelho por tanto tempo, que não senti mais a necessidade de que fosse religado, consegui finalmente me livrar do aparelho para sempre. Essa foi a minha primeira vitória, pela primeira vez na minha vida comecei a perceber que as forças que eu precisava e que às vezes pensava não ter estavam bem ali, dentro de mim, dentro da minha mente, do meu pensamento, dentro do meu coração. Comecei a perceber a diferença entre acreditar e duvidar, pensava comigo que se eu tivesse duvidado e desistido, a vitória teria sido do meu aparelho de respiração e não a minha.

Ali ficou claro para mim que *acreditar* e *vencer* ou desistir e me entregar à derrota, independentemente de quais fossem minhas adversidades, seria sempre uma escolha minha!

Por isso, decidi que sempre tentaria superar quaisquer infortúnios, independentemente de qualquer diagnóstico técnico, do que qualquer outra pessoa pudesse pensar, acreditar ou falar. Minhas conquistas dali por diante dependeriam principalmente de mim mesmo.

Já haviam se passado cerca de dez dias que eu retornara do coma, e embora ainda estivesse com febre alta, associada pelos médicos a alguma infecção a qual ninguém conseguia me explicar, fui liberado para sair da UTI e ir para um quarto.

Confesso que nesse período em alguns momentos voltavam aqueles delírios, eu me sentia sendo tomado por uma fraqueza e vontade de desistir. Cheguei a comentar em sussurros a alguns amigos que vinham me visitar que eu não suportaria tudo e pedia para me ajudarem a dar um fim àquela situação, mas cada um, a sua maneira, procurava me motivar, com palavras de força, tentando me ajudar de alguma forma a fim de que eu resgatasse a minha fé. Ao ouvir as mensagens desses amigos e familiares, eu voltava timidamente a ficar motivado, lembrava da minha vitória contra o aparelho de respiração e ficava determinado a continuar.

Renascia em mim uma vontade crescente de lutar pela vida, ainda mais quando eles me traziam X-burger com refrigerante (acho que, muitas vezes, o problema do meu baixo-astral era a comida do hospital – risos).

Ainda ali, no quarto de hospital, um dia de rotina normal, minha mãe chegou para me visitar exatamente no momento em que alguns enfermeiros me preparavam para os curativos, e ao me virarem de lado, cuidadosamente, e retirarem o colete que envolvia meu peito e costas, minha mãe não acreditou e quase desmaiou ao ver o tamanho dos ferimentos causados em minhas costas por aquele colete de alumínio e couro; ela quase entrou em estado de choque!

Tinham quatro escaras (buracos enormes) todas infeccionadas, duas nas omoplatas e duas nas costas, na altura da minha cintura (em consequência delas ainda tenho imensas cicatrizes até hoje).

Minha mãe conta que dava para ver até alguns órgãos internos através delas. Confesso que até hoje não fiquei sabendo nem entendi o motivo pelo qual esses ferimentos não haviam sido tratados pelos enfermeiros e médicos de forma mais responsável; afinal de contas, ali estava a causa daquela tal febre que ninguém me explicava.

Eu bem percebia que me viravam delicadamente para me fazer curativos nas costas, mas como eu não tinha sensibilidade nenhuma, não podia imaginar, muito menos sentir, o que estava acontecendo.

Ao ver aquela situação, minha mãe pediu que imediatamente chamassem os médicos e quase veio o hospital veio a baixo. Ela exigiu a retirada do colete, reclamando pelo absurdo das minhas lesões terem chegado àquela condição de infecção, se continuasse daquele jeito, com o passar dos dias a febre só aumentaria e a cada dia ficaria mais difícil ainda de eu me recuperar das infecções devido à profundidade das escaras, podendo até chegar a uma infecção generalizada.

Diante disso, os médicos autorizaram os enfermeiros a retirar o colete em definitivo, porém pediram que ela assinasse um termo de responsabilidade. Naquele mesmo dia ela quis me tirar daquele hospital, ela não se conformava ao ver tamanhos ferimentos, estar mediante tal situação, embora os médicos informarem que minha condição ainda requeria cuidados especiais, que ainda era muito crítica, e que se eu fosse liberado poderia voltar a correr risco de morte. Não teve acordo, minha mãe disse que se responsabilizaria e que ela cuidaria de mim. Se fosse para eu morrer, se assim fosse a vontade de Deus, que eu passasse o resto de meus dias ao lado de quem me amava, de quem se importava comigo, ao lado da minha família.

Atendendo ao pedido de minha mãe e sob sua responsabilidade, os médicos me deram a tão sonhada alta.

De volta ao lar, doce lar...

"Tudo é possível àquele que crê."

JESUS CRISTO

– Obrigado, meu Deus! Que delícia, estou de volta à minha casa, que bênção, que cheiro gostoso, que felicidade!

Tudo era maravilhoso, parecia que eu entrava no paraíso, mesmo apesar de ainda muito debilitado, eu estava muito, mas muito feliz, radiante. Naquele momento, minha família toda esperava por mim em casa, parecia até um evento. Que dia mais abençoado, embora eu soubesse que dali para frente as lutas não seriam nada fáceis e que eu teria de enfrentar as maiores batalhas da minha vida, a felicidade daquele momento só me remetia a agradecer imensamente a Deus por aquele imenso favor à minha vida.

***

Alguns meses se passaram muito rapidamente, eu estava tão feliz em casa que praticamente nem percebia o tempo passar. Nesse período, minhas escaras fecharam, foram curadas com açúcar, uma dica dada por uma fisioterapeuta que ajudava minha mãe a cuidar de mim, nas maiores feridas chegou a ser colocado diariamente quase meio quilo de açúcar dentro de cada uma. Também ocorreu a cicatrização da traqueostomia (por eu não mais necessitar do uso do aparelho de respiração) e consegui mais uma vitória, a minha voz voltou quase à normalidade. Embora só tivesse me restado aproximadamente dez por cento da capacidade do meu pulmão, consegui reaprender a falar utilizando o meu diafragma.

Passava meus dias assistindo à televisão, comendo a comidinha da mamãe e as coisas gostosas que ela fazia para mim. Enquanto fiquei no hospital havia perdido quase trinta quilos, quando cheguei em casa, estava com aproximadamente quarenta quilos, mas nesse período, com os cuidados e a boa comida da mamãe, passei rapidamente para um peso próximo do que eu tinha antes do acidente, eu não saberia exatamente precisar o quanto, mas lembro que fiquei bem mais forte e recuperei o peso perdido.

Quase todos os fins de semana meus primos, tios e outros familiares chamavam alguns amigos e faziam churrasco em minha casa, eles não mediam esforços para tentar me manter animado e sempre levantar meu astral.

Recordo ainda que foi indescritível o dia em que me colocaram embaixo do chuveiro e eu pude tomar meu primeiro banho de chuveiro depois da volta do hospital, recordo de minha mãe tirando uma crosta grossa de caspa do meu couro cabeludo que eu havia adquirido no hospital.

Nessa época, eu ainda não tinha uma cadeira de rodas e fiquei sabendo que todos meus vizinhos estavam fazendo uma vaquinha para me presentear com uma, esse foi outro dia que não esquecerei jamais, quando eu ganhei a minha primeira cadeira de rodas.

Nas primeiras vezes que tentaram me colocar sentado, além de eu não ter firmeza nenhuma, eu desmaiava, não conseguia ficar mais que alguns minutos na posição sentado, pois a circulação sanguínea não alimentava suficientemente meu cérebro a ponto de evitar o desmaio, cheguei a pensar novamente comigo:"Será que a médica tinha mesmo razão e jamais voltarei a ficar sentado?"

Mesmo assim eu não desisti, e tentativa após tentativa alimentava a minha esperança que podia ser possível. Ousei em lutar por mais essa conquista, eu seria capaz de ficar sentado e a cada dia eu acreditava ainda mais que conseguiria.

Até que consegui permanecer um tempo considerável sem desmaiar e daquele dia em diante nunca mais desmaiei. Essa foi uma das minhas primeiras vitórias depois de minha volta para casa. Mesmo muito feliz por conseguir ficar sentado na cadeira de rodas eu não conseguia aceitar a ideia de sair para rua daquele jeito, preso com cinto de segurança, pois mesmo conseguindo ficar sentado eu ainda não tinha a firmeza necessária no corpo para me sustentar nessa posição.

Sentia muita vergonha da minha condição, talvez fosse preconceito, não sei ao certo. Até que um dia minha mãe resolveu, depois de muito insistir, sem acordo por minha parte, ela impôs:

– Waldir, hoje você vai sair para rua, mas nem se for na marra!

– Não, pelo amor de Deus, não faça isso comigo! Não quero sair para rua deste jeito.

Porém ela não me deu ouvidos, minha mãe chamou o meu tio João Luís – que desde minha volta para casa passou a ser os meus braços e pernas, saiu até de seu emprego fixo para ajudar na minha caminhada – então eles e minha tia Nenê me trocaram e me sentaram na cadeira de rodas, mesmo contra minha vontade. Eu chorava, brigava, xingava (balançando a cabeça pois não podia espernear – risos) parecendo uma criança mimada, ainda assim eles me levaram para passear na rua.

Aos olhos dos vizinhos e amigos eu parecia uma estrela de cinema desfilando na minha cadeira de rodas.

"Todo mundo é uma estrela e tem o direito de brilhar."

Marilyn Monroe

Depois de tanto tempo sem sair na rua, todos vieram na janela para me ver, me cumprimentar... E não é que tanto carinho me fez tomar gosto pelo mundo lá fora? Tanto que a partir daquela data, praticamente todos os dias era eu quem pedia para saírem comigo para passear e me levar até a casa da minha avó Maria, onde eu ficava sentado na minha cadeira de rodas na garagem da casa dela, da mesma forma que ficava o Oswaldo.

Às vezes, aquelas imagens dele em sua cadeira de rodas voltavam na minha mente, vendo as pessoas indo e voltando na rua, as crianças brincando de bola, namorados passando de mãos dadas e eu ali naquela cadeira de rodas, naquela situação igual ao Oswaldo.

Minha lição de fé

"Você nunca sabe a força que tem.
Até que a sua única alternativa é ser forte."

JOHNNY DEPP

Mais algumas semanas se passaram e eu quase que diariamente ficava ali no quintal da casa da minha avó e todas aquelas cenas se repetindo. Repentinamente, a vontade de desistir de tudo ressurgiu. Lá estava eu outra vez sentindo uma vontade imensa de desistir de mim mesmo e novamente me pegava pensando que não havia sentido viver daquela maneira. Comecei a evitar sair de casa, nas horas de delírio ficava pensando numa forma de acabar com a minha própria vida, quis até usar droga, tudo escondido da minha mãe, claro. Cheguei a pedir para alguns amigos que vinham me visitar – e até para algumas pessoas de minha própria família – que me ajudassem a me livrar daquele peso, que me dessem qualquer coisa que pudesse amenizar a minha angústia.

Naqueles momentos de delírio ficava claro para mim que nada que eu fizesse ou que fizessem por mim poderia reestabelecer minha vontade de viver, e eu estava decidido a encontrar um meio ou ajuda para dar um fim à minha própria vida, comecei a pedir para meus amigos me darem mais bebida alcóolica do que eu aguentaria beber, comecei a pedir para fumar e tragar, embora alguns relutassem em me dar eu sempre dizia que o médico havia autorizado, a fim de eu me animar um pouco mais. Aos poucos percebia que já estava diminuindo a minha capacidade de respiração, novamente emagreci e piorava a cada dia.

Mas, como Deus com certeza não desiste de um filho seu, Ele ainda acreditava em mim, não me abandonou em nenhum momento, pelo contrário, me perdoou mais uma vez, pois ele sabia da minha capacidade e das missões que eu ainda tinha a cumprir... Deus sempre está disposto a nos dar uma nova oportunidade, ainda que naqueles momentos de fraqueza, nas horas mais difíceis da minha vida, eu tenha falhado vergonhosamente com Ele e com todas as pessoas, familiares e amigos que me amavam, que lutavam por minha recuperação e que carinhosamente cuidavam de mim.

"Não torne as coisas piores, pensando que
dói mais do que você realmente está sentindo."
JOHN BOYNE (O MENINO DO PIJAMA LISTRADO)

Numa tarde acabou a energia enquanto eu assistia televisão, ficando um silêncio completo; foi quando, de onde eu estava, pude ouvir um choro entre soluços bem baixinhos, achei muito estranho aquilo e chamei a minha mãe na sala onde eu ficava deitado numa cama hospitalar, para lhe perguntar o que estava acontecendo, ela veio toda sem jeito, já recomposta, mas pude ver seus olhos ainda vermelhos e não teve jeito de negar que era ela quem estava chorando.

– Mãe, o que houve? Por que a senhora está chorando? – perguntei.

– Estava rezando, pedindo a Deus por você, meu filho, acabei me emocionando. Sinto que está difícil de aguentar essa situação – respondeu ela, fazendo uma enorme força para não desabar em lágrimas, estava difícil para ela suportar *a minha situação*. – Meus esforços parecem em vão, nada mantém o seu ânimo para viver.

Nessas horas ela também sentia que estava difícil para ela manter as suas próprias forças para lutar. Tinha medo de querer desistir, pois estava difícil dar conta de segurar todos aqueles problemas e não ver o resultado esperado. Na época, pagávamos aluguel e ela me falou que o dono do imóvel pediu para desocuparmos a casa, teríamos que nos mudar para uma casa menor cedida pela minha tia Clélia ou talvez teríamos que voltar para o Paraná. Por se sentir culpada por tudo isso, por não poder me dar um conforto melhor, por não poder contribuir em nada para me fazer feliz, ela chorava e pedia a Deus por inspiração, uma luz que pudesse indicar o caminho a fim de me dar um pouco mais de alegria, no mínimo, um pouco mais de conforto. Onde buscar forças para lidar com essa situação sozinha? Por isso chorava enquanto pedia a Deus um sinal, alguma orientação de qual estrada seguir, para que nossa vida pudesse melhorar.

Em vez de me entristecer com tudo aquilo, naquele momento, quando parecia que havíamos chegado ao fundo do poço, quando parecia não mais haver outra opção a não ser talvez até voltar para o Paraná, percebi que a única saída seria *vencer* ou *vencer*, pois não tinha mais para onde afundar.

Dali só haveria uma saída e era para cima, rumo ao Sol, pois já estávamos na escuridão do fundo do poço. Uma coisa era eu desistir de lutar pela vida, estar triste, desanimado; mas minha mãe, minha mãe, não! Jamais permitiria que isso acontecesse.

Mais uma vez entendi o quanto eu devia ser grato, por tantos favores que Deus já havia me feito, a começar pela minha vida e pela mãe maravilhosa que ele me havia dado, devia ser grato por ele nunca ter me abandonado nas horas mais difíceis, grato pela minha família, pelos meus amigos e por tantas outras coisas. Comecei a sentir viva em mim uma enorme chama de gratidão por todas essas bênçãos e vivenciei, então, algo milagroso que até hoje não consigo definir exatamente apenas com palavras...

Um formigamento que iniciou no meu coração e foi subindo chegando a arrepiar até os meus cabelos, abalando minha mente. Não sei explicar o que era, apenas uma sensação muito boa, como se a mão de Deus me tocasse, me pegasse, me carregasse no colo. Por um momento me senti como se flutuasse, e diante daquela sensação maravilhosa e inexplicável dentro de mim, junto com lágrimas (de felicidade) eu comecei a pronunciar algumas palavras, sem pensar nelas, palavras que nem eu mesmo sabia como saíam da minha boca, como por mágica! Nem parecia eu quem falava, pois àquela altura eu ainda estava totalmente focado e prestando atenção naquela sensação que havia me tomado. Ainda estava totalmente envolvido naquele estado de lucidez, meio entorpecido, que hoje eu chamo e defino simplesmente como a minha primeira lição de FÉ.

– Pare de chorar, mãe. Temos muito mais motivos para agradecer do que reclamar! Além disso, focar no negativo, com certeza não nos dará as forças necessárias para vencer essa batalha.

Mesmo que nossa situação não fosse das melhores, não era assim tão ruim, pois ainda havia o nosso amor, a nossa união e com ela a esperança de superarmos todas as dificuldades.

– Peço desculpas por minha covardia, por quase ter desistido, por tê-la decepcionado tanto, por não ter dado o devido valor a toda sua luta e sacrifício e a tudo o que a senhora e todos fazem por mim. A maior prova da minha gratidão não será somente minhas palavras, mas, sim, o meu renascimento na FÉ.

A partir daquele dia escreveríamos uma nova história com inúmeras vitórias e sucesso em todos os sentidos de nossa vida, nossa vida não seria mais a mesma, seria totalmente diferente, melhor. Em breve, mudaríamos para uma outra casa, mas que não seria uma casa qualquer, de aluguel, e sim a nossa própria casa, com certeza maior. Prometi para minha mãe que eu compraria e daria uma casa para ela, que seria a nossa casa, pois era o mínimo que eu poderia fazer por ela.

Essas promessas saíam do fundo da minha alma e, de alguma forma, minha boca era apenas um instrumento para dizê-las, como se fosse marionete. Fui invadido por uma enorme emoção, a qual me fazia viver tudo como se já fosse realidade. Ao mesmo tempo que eu falava, minha mente e coração já nos imaginavam em nossa casa, e a minha mãe não se contendo em tanta felicidade ao ganhar a casinha dela. Enquanto eu ainda somente conversava, era possível sentir a nossa felicidade, podia até ver os cômodos da casa, via os quartos, a sala toda mobiliada, a cozinha, uma linda churrasqueira... De alguma forma eu visitava o interior de nossa casa em minha imaginação, porém era tudo muito real, era muito estranho, eu não entendia mesmo o que estava acontecendo.

> "Somos o que pensamos. Tudo o que somos surge com nossos pensamentos. Com nossos pensamentos, fazemos o nosso mundo."
>
> BUDA

Hoje sei, que ali, naquele momento, eu resgatava novamente a minha FÉ, a minha vontade de viver, minha vontade de lutar pelo sonho da minha mãe que passou a ser também um sonho meu. E o principal é que a partir daquele momento passei a acreditar que seria capaz de realizar qualquer coisa, independentemente de qualquer limitação física, eu superaria, independentemente do que os outros pensassem a meu respeito ou acreditassem ser possível ou impossível, estar ou não a meu alcance, ninguém poderia comandar a minha vida, decidir por mim mesmo, muito menos determinar o que eu poderia ou não realizar. Algo muito poderoso me fazia sentir e acreditar, por meio de uma emoção e FÉ indescritível, que eu poderia materializar, trazer para realidade tudo aquilo que eu estava visualizando, que eu poderia conseguir tudo que eu acreditasse ser possível. Toda aquela força, toda aquela energia, aquela felicidade me dava certeza de que daquele instante em diante o impossível passava a não existir mais para mim. Tudo o que ainda aconteceria nos próximos dias, meses e anos, serviriam apenas para ratificar e me ensinar uma das lições mais importantes de toda minha vida: que o impossível só existe para quem acreditar nele e ceder-lhe a vida. O que às vezes nos faz pensar que ele existe são as limitações que alimentamos, limitações que nós mesmos impomos como verdadeiras em nossa mente.

Aquela imensa FÉ que eu acabara de resgatar falava por meio de sentimentos vivos dentro no meu coração, dentro da minha própria alma e não me permitiria nunca mais dar vida ao impossível; pelo contrário, nada seria maior nem mais poderoso que o desejo e a certeza das minhas novas conquistas, da materialização dos meus sonhos. Estava apenas em mim, só dependia de mim, essa força, ou melhor, esse poder que hoje eu chamo de FÉ impactou em mim uma verdadeira transformação. Ali, naquele momento, eu simplesmente passei a acreditar em mim e disse intimamente: "Sim, a partir de hoje, para mim, tudo pode se tornar possível!".

Só mais tarde eu entendi e percebi que naquele momento se manifestou em mim a força do amor que eu tenho por minha mãe e por todos envolvidos naquela luta. Foi essa manifestação que me fez resgatar novamente a paixão pela vida e me possibilitou conseguir a permissão de Deus para uma nova oportunidade, pude então resgatar a minha FÉ em Deus e em mim mesmo, olhei para minha mãe e disse a ela:

– Mãe, a partir de hoje a nossa vida vai mudar, eu vou lutar para realizar os nossos sonhos, a partir deste momento colocarei em dúvida as minhas próprias dúvidas e olharei tudo, cada situação, cada acontecimento, sempre pelo lado positivo, sei que também haverá tempos de tempestades, de nuvens carregadas, mas quando essas nuvens aparecerem, entenderei como um sinal que eu estou no caminho certo, e cada vez mais próximo de ver o Sol voltar a surgir. Entenderei que a água dessas tempestades também servirão para regar o solo do meu plantio e as sementes ali plantadas irão germinar e crescer ainda mais rápido, lindas e fortes, se transformarão em árvores e quando o Sol voltar a brilhar eu poderei, então, escolher entre permanecer ao Sol ou descansar à sombra dessas árvores. Minhas atitudes e ações não permitirão que nenhuma pedra no caminho me impeça de alcançar meu objetivo. Não sei ainda qual caminho eu deverei seguir, mas eu confio em Deus e sei que por Ele serei guiado, passo a passo. Cada uma dessas pedras ou qualquer outro obstáculo que aparecer na estrada vai apenas servir para fortalecer ainda mais o alicerce de nossa vitória. Tenho certeza de que com a sua ajuda, mãe, eu vencerei, vamos vencer todas dificuldades, até aquelas que nos impedia de seguir adiante, pois elas só se mantiveram vivas em meu caminho enquanto eu as permiti, por ter me esquecido que acima de tudo sou filho de Deus e herdeiro de todas suas bênçãos. A partir de agora na minha mente e no meu coração só haverá espaço para Deus, muita gratidão, amor, minha FÉ, para os meus sonhos e para o nosso sucesso e felicidade.

Respirei fundo, olhei bem nos olhos da minha mãe e então eu disse:

– Mãe, eu vou dar para a senhora a tão sonhada casa e muitas outras coisas que você merece. Você acredita em mim?

Claro que ela respondeu que sim, não sei se naquele momento ela acreditou de verdade, mas o importante é que eu mesmo acreditei, eu tinha certeza que podia.

Sentia uma felicidade enorme, uma gratidão imensa por ver minha mãe ali tão feliz, só pelas palavras que eu profetizava, a minha sensação era de certeza absoluta, de êxito e comecei em pensamento a agradecer a Deus por tudo que ele tinha feito e fazia por mim, agradeci por todos, pela alegria indescritível e maravilhosa que eu sentia pela nossa casa (como se já fosse real) pela nossa felicidade e pelo meu renascimento na FÉ. Falei novamente para minha mãe:

– Pode acreditar em mim, mãe, é uma promessa que eu estou fazendo, posso contar com a sua ajuda?

Vi então algumas tímidas lágrimas rolando e beijando o lindo e meigo rosto da minha mãe e ela me respondeu, enxugando as lágrimas:

– Filho, agora eu choro, mas estou chorando de felicidade, pode contar comigo, eu continuarei como sempre aqui do seu lado. Obrigado por tudo, eu te amo muito, meu filho. Eu te amo muito...

Ali, naquele exato momento, ao ouvir aquelas palavras aos 24 anos, graças a essa verdadeira lição de fé eu nasci de novo...

Mas, espera aí! Eu já tinha nascido uma vez!

Meu primeiro nascimento

"A melhor maneira de prever o futuro é criá-lo."

PETER DRUCKER

Sem ser mais do que conhecidos, minha mãe, Doraci, que não tinha nem 14 anos completos, e Geraldo, meu pai, com pouco mais de 20, resolveram fugir juntos em busca de liberdade, devido ao sistema rígido e severo de educação no qual viviam.

Após fugirem de casa, foram morar juntos e começaram então namorar, e uma nova vida a dois. Minha mãe alterou a sua idade para poder se casar com meu pai e depois de alguns meses de união realmente se tornaram marido e mulher.

Nove meses depois, numa madrugada chuvosa à beira do Rio Laranjinha – numa fazenda no município de Cornélio Procópio, estado do Paraná – no dia 22 de dezembro de 1962, nascia um menino bonito, saudável para felicidade de minha mãe, meu pai e toda família. Isso mesmo, começava ali a primeira página do livro da história de vida de Waldir de Lazzari, *saco roxo* do jeitinho que meu pai imaginava, pois o sonho dele sempre foi ter um menino.

Conforme eu crescia, muita coisa acontecia na minha vida, até hoje algumas delas ainda têm um significado concreto para mim. Refletindo, pareciam até sinais, pois parte dos acontecimentos da minha infância tem a ver com tudo que eu teria que passar.

Com nove meses de idade, muito precocemente, comecei a andar. Um dia brincando sozinho na roça, no meio do cafezal, numa distração de meu pai, quase fui mordido por uma cobra urutu cruzeiro; fui salvo pelo meu cachorro Campeão, que lutou bravamente com a cobra até que meu pai ouviu os latidos do nosso cachorro e veio para matá-la. Por sorte, meu valente cão saiu ileso dessa luta. Também quase caí dentro de um rio onde minha mãe costumava lavar a roupa, em uma mina de água onde tinha alguns batedores de roupa feitos de madeira (quem já viveu no interior sabe o que é isso), eu também tinha costume de pegar um pedacinho de pau e sair pelo quintal matando os pintinhos das galinhas da minha mãe, abria a porta do armário e quebrava dezenas de ovos, me lambuzava todo e tudo isso apenas aos nove meses de idade. Mesmo nessa tenra idade eu já dava sinais de ser uma criança superativa.

Até os meus 9 anos foi só felicidade, eu brincava, estudava e mesmo levando uma vida simples de interior eu me divertia muito com meu pai e com meu irmão mais novo, Valdemir. Principalmente com o meu pai, com quem eu pescava, caçava e jogava bola, que era o *hobby* que ele mais gostava, mas como disse o meu amigo frentista: "A vida é mesmo cheia de surpresas!".

Depois de uma partida de futebol, em um domingo à tarde, dia 26 de dezembro de 1971, meu pai regressava para nossa casa em cima de um caminhão – porque naquela época os times de futebol da fazenda eram transportados assim –, muito feliz com seu time São Judas Tadeu, pois tinham acabado de ganhar o troféu, e o traziam para casa. De repente, um homem que seguia pelo acostamento sacou uma arma e disparou contra o caminhão, atingindo meu pai que cantarolava pela vitória. O tiro foi certeiro e fatal, em seu coração.

Ao ser preso pela polícia o homem disse na delegacia que nem sabia por que tinha tomado aquela atitude, mas achava que fizera aquilo porque naquele dia ele havia discutido com a sua noiva. Algo o afligiu ao ver a alegria de todos no caminhão, embora não soubesse o motivo, e simplesmente reagiu daquela forma. Declarou ainda que estava muito nervoso, fora de si e totalmente descontrolado.

Aos 9 anos eu perdi o meu pai... Nós que havíamos passado mais um dia de Natal maravilhoso em família, nunca poderíamos imaginar que aquela tragédia aconteceria logo no dia seguinte à festa. Foi ali, com aquela tragédia, a primeira vez na minha vida que eu tive que me superar, pois de repente vi o meu pai, alguém que eu tanto amava e admirava, entrando na nossa casa dentro de um caixão. Eu ainda não entendia direito o que estava acontecendo, pois a morte, para mim, não tinha um significado bem definido, mas recordo que sofri muito, todos nós sofremos demais com a perda do meu amado pai.

Depois daquela tragédia saímos da nossa casa e fomos viver por um período com meus avós maternos, já que minha mãe tinha apenas 23 anos. Em seguida, fomos morar com meus tios João e minha tia Clélia, que para mim foram e são, até hoje, considerados como meus segundos pais. Minha mãe conseguiu um trabalho na cidade, eu e meu irmão ficamos morando com meus tios por quase dois anos, e eles cuidaram da gente com muito amor e dedicação como se fôssemos seus próprios filhos.

Mesmo com tanto carinho, amor, atenção e dedicação de nossos tios, tínhamos o desejo de voltar a ter a nossa casa, voltar a morar com a nossa mãe; meu irmão sempre cobrava isso. Foi então nesse período que ela acabou conhecendo um homem por nome de Dirceu e com ele namorou por algum tempo. Alguns meses depois se casou e fomos todos morar na nossa nova casa, na cidade de Sertaneja, estado do Paraná. Passado algum tempo minha mãe teve mais um filho com o meu então padrasto, nasceu meu querido irmão Ricardo. Lembro-me que morávamos numa casa muito simples, paredes de tábua quase que sem móveis, mas estávamos muito felizes, pois embora fosse algo simples e de aluguel era o nosso lar, e morávamos todos juntos.

Meu padrasto era sete anos mais jovem que a minha mãe e acabou assumindo uma responsabilidade para a qual talvez ainda não estivesse preparado, devido à sua pouca idade e inexperiência. Assumiu a responsabilidade de uma família casando com uma viúva que tinha dois filhos e logo tiveram mais um. Talvez ele pensasse que aquilo seria fácil administrar, mas realmente não foi como ele imaginava. Com o passar do tempo, um ou dois anos depois do casamento, ele começou a se afastar da responsabilidade, passava a maior parte do seu tempo em bares com amigos jogando baralho, sinuca e outras diversões, não pensava muito mais em sua casa, esposa e nem nas responsabilidades assumidas como chefe do lar ao casar com minha mãe.

Nessa mesma época, ele resolveu começar a trabalhar de caminhoneiro e por causa de suas longas viagens acabou se afastando ainda mais da família. Lembro de um episódio marcante que levou minha mãe a uma condição tal de desespero, chegou a tentar contra a própria vida; mas, felizmente, saiu ilesa da tentativa. Depois disso, em uma outra viagem que meu padrasto havia feito, ele ficou por mais de seis meses sem voltar para casa e sem dar uma notícia sequer de seu paradeiro. Foi quando alguém nos informou que soubera que ele havia falecido em um acidente de trânsito no estado de Mato Grosso.

Aos 11 anos tive que abrir mão da minha infância e passei a assumir responsabilidades de adulto. Tive que me colocar no papel de chefe de família, pois meus irmãos eram mais novos e minha mãe, sem o apoio financeiro do meu padrasto, não dava conta sozinha de pagar todas as contas. Nosso aluguel já estava atrasado, tanto que até haviam pedido para desocuparmos a nossa casa, passávamos por sérias dificuldades financeiras, tantas eram que às vezes chegava quase a faltar até o básico. Teria de passar por mais uma superação, arregacei a manga da camisa como diz o ditado, fui para luta, eu e minha mãe, decidimos que daquele dia em diante nada mais nos faltaria. Pedi a um amigo que me fizesse uma caixa de engraxar sapatos e comecei a ganhar alguns trocados.

Além de engraxar sapatos eu também fazia serviços diversos em alguns sítios vizinhos, trocando meus serviços por alimentos produzidos no próprio sítio, como, bananas, mandiocas, entre outras coisas, as quais algumas eu levava para casa e outras eu revenderia na feira da cidade, pois era mais um dinheiro que vinha para nosso bolso. Eu também vendia sorvetes, refrescos, tanto de dia quanto de noite na porta das escolas, tudo que se pudesse fazer para ganhar dinheiro honestamente e ajudar minha mãe e meus irmãos, eu não media esforços nem tinha preguiça de fazer. Cheguei até trocar serviços por um simples prato de comida, lembro que em determinada época eu engraxava os sapatos do dono de um matadouro perto da nossa casa, dos animais que desossava ele separava alguns ossos ainda com um pouco de carne e me dava como parte de pagamento. Eu todo feliz levava para minha mãe colocar na nossa sopa de mandioca, assim ela ficava com um gostinho de carne. Também limpávamos frangos para uma avícola em troca de seus miúdos, a cada vinte frangos limpos ganhávamos um como pagamento pelo nosso trabalho. Além disso, minha mãe lavava e passava para fora, fazia faxina e, junto comigo, trabalhava na roça em temporadas de colheita como boia-fria, assim garantíamos o pagamento de nosso aluguel e demais despesas da casa.

Fomos levando a vida, minha mãe, eu e meus dois irmãos, até que um dia – já passado quase um ano do desaparecimento de meu padrasto – eis que ele reaparece, todo sorridente, como se nada houvesse acontecido. Ele estava certo de que minha mãe o aceitaria de volta, e não errou, voltou para casa e a nossa vida seguiu daquela mesma forma. Minha mãe permaneceu trabalhando, só que agora além de minha ajuda passamos a contar novamente com a ajuda do meu padrasto, mesmo assim por vezes o dinheiro ainda era curto. Vira e mexe se faziam presentes algumas dificuldades, pois em uma cidade de interior e pequena é muito difícil se ganhar dinheiro quando não se tem um emprego fixo e bem remunerado, mas com a minha ajuda nessa batalha seguíamos adiante, como dizem, íamos levando. Eu estudava, trabalhava e quando sobrava *um tempinho* me divertia fazendo o que eu mais gostava que era jogar futebol.

Eu já trazia vários sonhos na minha cabeça, porque vendo todas as dificuldades que minha mãe havia passado e ainda passava para nos criar honestamente, mesmo com todos ajudando, eu já havia decidido que um dia eu seria diferente de meu padrasto, que eu seria alguém na vida, dentro de mim eu pensava em ser um jogador de futebol, talvez um ator, cantor, mas tudo era um sonho que eu não externava, só guardava para mim.

Alguns anos se passaram e próximo ao final do ano de 1977 decidi conversar com minha mãe a respeito da nossa situação, a fim de buscar uma melhoria em nossa qualidade de vida. Pedi seu consentimento para ir embora para São Paulo e tentar de alguma forma uma vida melhor na grande cidade, e por que não conseguir até uma condição que um dia possibilitasse trazer todos para morar comigo também em São Paulo.

Nesse mesmo dia peguei um caderno, uma caneta e escrevi uma carta para a minha vó Maria e para meus tios Dário, Antônio e João, que na época já moravam em São Paulo, perguntando e pedindo a eles se eu podia morar com eles para trabalhar, juntar um dinheiro e depois poder trazer a minha mãe e irmãos para morar comigo em São Paulo. Só assim teríamos uma chance maior de sair daquela vida de muita escassez, de quase miséria que vivíamos no interior do Paraná.

Naquele mesmo ano, no finalzinho do mês de dezembro, depois de passarmos um Natal à mingua, com dificuldades financeiras, recebi a resposta da minha carta, nela minha avó e meus tios autorizavam minha ida a São Paulo e que me buscariam no feriado de Carnaval do ano que estava chegando: 1978.

Não é que meu tio Dário foi mesmo me buscar conforme havia prometido? Lembro bem disso... recordo como se fosse hoje, minha chegada em São Paulo foi em pleno Carnaval. Algumas semanas depois, com 15 anos de idade, já ganhei um grande presente: consegui o meu primeiro emprego fixo, fui trabalhar numa indústria e comércio de rádios chamada Nissei, na qual eu trabalhei até os meus 18 anos. Uma parte do que eu ganhava eu juntava, a outra eu enviava para minha mãe para ajudar nas despesas.

Como eu havia prometido, depois de um ano trabalhando nessa fábrica, consegui alugar uma casa modesta com um quarto, cozinha e banheiro, paguei três meses de aluguel adiantados, havia também abastecido a despensa, comprando bastante mantimentos que nos supririam por alguns meses. Foi então que escrevi para minha mãe contando que já havia alugado uma casa, que estava tudo preparado, e pedi para ela arrumar um caminhão de mudanças e seguir para São Paulo.

Uma semana depois chegaram todos exceto meu padrasto, que na época falava que detestava a cidade, mas algum tempo depois também acabou vindo morar com a gente, eu estava muito feliz por essa minha grande conquista. Meu irmão Valdemir, logo que chegou, também conseguiu um emprego, minha mãe também começou a trabalhar e por incrível que pudesse parecer para mim até meu padrasto rapidamente arrumou emprego fixo aqui em São Paulo. Ficamos nessa pequena casa menos de um ano, já que tudo estava correndo bem; mudamos e fomos morar numa casa bem maior, com dois quartos, sala, cozinha, banheiro. Nessa fase fui atrás de alguns de meus sonhos, treinei no São Paulo Futebol Clube, com intuito de tentar a carreira no futebol, fazia curso de teatro para ator, escrevia alguns poemas, pois eu gostava muito de escrever, até que fui convocado para servir o Exército. Repentinamente perdi meu emprego, fui obrigado a deixar o teatro, fui dispensado do juvenil São Paulo Futebol Clube. Vi ali alguns de meus sonhos ficando novamente bem distantes da minha realidade, indo tudo por água abaixo, então mais uma vez tive que me superar.

Fui para o Exército onde eu fiquei por um ano e dois meses como soldado da artilharia antiaérea, no quartel de Quitaúna, em Osasco. Nessa época, consegui também me divertir bastante, pois lá eu praticava e exercia vários tipos de esporte. Cheguei a ser cabo do Exército, mas por indisciplina perdi as minhas divisas, foi um aprendizado para mim, pois no serviço militar não tinha moleza. Praticamente só aprimorei aquilo que a vida já havia me ensinado quando ainda muito jovem, aquilo que eu já havia aprendido desde o falecimento do meu pai: "A vida só é dura para quem é mole". Pode não ser fácil, mas é possível, sim, superar e vencer cada um dos desafios a nós impostos, só depende de nós mesmos.

Ao sair do Exército, de imediato, consegui um emprego novamente numa metalúrgica no bairro do Piratininga, também em Osasco. Vida normal de novo, jogava meu futebol, namorava e principalmente estudava, já que meu intuito era cursar uma faculdade e ter uma profissão para me tornar alguém na vida, pois eu ainda tinha sonhos a realizar. A vida seguia normalmente, o curso de todos os rios seguindo para o mar sem maiores obstáculos. Apesar de ainda pagarmos aluguel, e de por vezes sermos presenteados com algumas das dificuldades pertinentes a todos que vivem nas grandes cidades, vivíamos bem, nem se comparava à vida que levávamos no Paraná alguns anos atrás! Para completar ainda mais a nossa felicidade, a família aumentou com a chegada de minha irmã Patrícia, ela foi adotada pela minha mãe e pelo meu padrasto e foi recebida por todos nós e nossa família com muito amor e carinho.

Depois de um período sem poder estudar, devido à dedicação necessária e horários inconstantes do meu trabalho, finalmente consegui, com muito sacrifício, me preparar para prestar vestibular. Agora eu estava bem mais próximo de realizar um de meus sonhos de cursar a tão desejada faculdade, mas como disse o frentista: "A vida é mesmo cheia de surpresas!". No dia 29 de março de 1987, com meus recém-completados 23 anos, como já contei, aconteceu comigo...

A fé opera milagres

"Pedras no caminho? Guardo todas, com elas um dia vou construir um castelo..."

FERNANDO PESSOA

E ao ouvir a minha mãe, voltei:

– Filho, agora eu choro, mas estou chorando de felicidade, pode contar comigo, eu continuarei como sempre aqui do seu lado, obrigada por tudo! Eu te amo muito, meu filho.

Ao ouvir essas palavras, graças a essa verdadeira lição de fé, eu nasci de novo.

A partir daquele dia, a minha cabeça passou a fervilhar diariamente como se fosse um caldeirão em ebulição, minha mente era assolada por um verdadeiro tsunami de pensamentos.

Eram tantas ideias, porém confesso que eu não sabia nem sequer imaginava por onde começar, só sabia que daquele dia em diante tudo em nossa vida mudaria e que o melhor ainda estava por vir.

Uma semana depois da conversa que eu tive com minha mãe, tivemos que nos mudar para a casa da minha tia Clélia, pois não teve jeito, tivemos mesmo que entregar a casa alugada onde morávamos. Em nossa nova casa, eu ficava ali na minha cama, pensando qual atitude poderia tomar para dar o pontapé inicial rumo à conquista de meus sonhos."Qual seria o caminho certo para dar o primeiro passo, já que eu estou tetraplégico, completamente dependente de outras pessoas?" Eu só poderia movimentar minha cabeça:"Qual deve ser meu primeiro passo? Como posso dar esse meu primeiro passo? Se nem meus passos me restaram, se até os meus próprios passos haviam se afastado de mim".

Não, não focaria nas minhas limitações, isso era apenas um pequeno detalhe e não seria empecilho para mim. Nem minha condição física, nem a opinião dos outros, nenhuma adversidade, nada mais me faria duvidar da minha própria capacidade, nada me impediria de realizar o meu sonho, nada me faria desistir! Os obstáculos serviriam de calço para alavancar ainda mais rápido as minhas vitórias. Aquela lição de FÉ mantinha totalmente acesa em minha alma uma chama viva de convicção que Deus já havia providenciado o caminho certo, as pessoas certas no lugar certo, no momento certo, tudo que fosse necessário para minhas conquistas, para minha vitória, tudo já existia, já estava preparado. Eu teria apenas que me alinhar a tudo isso, controlar minha ansiedade e continuar alimentando cada uma de minhas atitudes, com a minha inspiração, desprezando para sempre as minhas memórias do passado.

Eu tinha a meu favor importantes ferramentas: os bons pensamentos, as palavras, o livre-arbítrio, o amor à vida, a tudo e a todos ao meu redor e, claro, a minha FÉ resgatada, que me permitiu voltar a acreditar que tudo poderia ser possível. Com a minha força de vontade, rumei ao meu sonho, à minha meta; e isso eu não tinha dúvidas: era comprar a nossa tão sonhada casa.

Foi então que um certo dia apareceu em minha casa um amigo do meu padrasto, o Pereira, um homem de grande coração, muito bondoso, e ficou impressionado com a minha história e condição. Emocionou-se muito quando eu disse que Deus já havia me dado muitas provas que estava do meu lado, caminhando comigo. Contei que mesmo sem eu saber como, nem qual o caminho seguir, eu tinha a certeza que com ajuda de Deus, eu poderia vencer na vida. Pereira então me deu uma grande ideia:

– Waldir, já que você é um cara inteligente, comunicativo, e que se expressa muito bem, por que você não tenta trabalhar com a sua voz?

Parei por alguns segundos, *viajei* naquelas palavras, e pensei comigo: *"Peraí! Verdade!!!"*.

Deus havia me deixado a minha voz que naquela altura já tinha novamente potência, contrariando mais uma vez o diagnóstico médico. Então perguntei:

– Mas como? O que eu poderia fazer?

– Vou comprar um gravador e algumas fitas cassete para você ir treinando locução, e quando você estiver bom eu mesmo faço questão de levá-lo e apresentar o seu trabalho em alguma rádio.

Aquilo para mim caiu do céu, foi um verdadeiro presente de Deus! Eu já me via atrás dos microfones, fazendo locução em rádio. Depois de algumas semanas treinando, não é que eu comecei a gostar do meu timbre de voz, que a princípio até me soava meio estranho... Até hoje não sei dizer se meu timbre havia mudado com a minha dedicação ou se Deus havia me dado outro presente, deixando meu timbre diferenciado. Quando eu me ouvia no gravador parecia até como se fosse um locutor já famoso, pedi para algumas pessoas próximas ouvirem, analisarem aquelas gravações e opinarem a respeito, e todos aprovaram sem exceção, não sei se foi só para me agradar, mas com certeza inflamaram ainda mais o meu ego e senti a capacidade de levar aquele projeto adiante.

A dedicação foi tanta que depois de um pouco mais de um mês treinando, lá estava eu, estreando na rádio Gazeta AM de São Paulo. Juntamente com o meu então grande amigo Pereira, apresentávamos um programa sertanejo – tudo bem, era só aos domingos, duas breves horas – das cinco da tarde às sete da noite, horário concedido pelo Pereira, mas para mim era uma grande conquista sendo realizada. Era a confirmação da certeza de que eu estava no caminho certo, lá estava eu trabalhando! Percebi que nem sempre precisamos saber qual o caminho seguir, às vezes ele quem acaba nos atropelando.

Depois da rádio Gazeta trabalhei em algumas outras rádios: rádio Difusora Oeste de Osasco, rádio Nacional de São Paulo entre várias outras, inclusive em rádios comunitárias. Claro que eu também continuei fazendo a minha parte, me especializando e sempre buscando aprimorar a técnica e a melhor forma de fazer locução, além de me espelhar em locutores ícones da época, que para mim foram os meus maiores professores. O tempo que eu passava em casa ouvia a maneira que eles faziam a locução e com isso me aprimorava cada vez mais. Comecei também a fazer locução em feiras de automóveis, em supermercados e em lojas onde anunciava ao microfone diversos produtos em promoção, e não é que estava dando certo?! Eu já estava até conseguindo ajudar em casa e ainda fazer uma reserva.

Eu adorava música sertaneja, adorava não, até hoje adoro. Alguns dos meus amigos tocavam violão e cantavam. Quando vinham me visitar, cantávamos todos juntos, eu entrava no embalo. Embora nunca tivesse aprendido a tocar nenhum instrumento, sempre gostei muito de cantar e escrever poesia na minha juventude.

Certo dia, durante um desses churrascos com cantoria, pensei comigo:"Já que eu gosto e tenho facilidade para escrever poesia, por que eu não começo a escrever letras de músicas?". Então me veio a ideia de começar a compor músicas sertanejas. Comecei a treinar a minha mente para fazer as músicas e guardar na cabeça letra e melodia. Fiz uma, duas, três, e como eu não podia escrever, descobri que Deus havia me deixado um outro presente, a capacidade de fazer a melodia solfejando, compor a letra e gravar toda essa informação (várias músicas) na minha mente sem esquecer nenhuma. Eu criava letra e melodia, mesmo sem nunca ter tocado qualquer instrumento na minha vida e mesmo assim as melodias me soavam harmoniosas; eu não esquecia nenhum detalhe, tudo ali guardado na minha cabeça.

Esse presente de Deus não podia ter sido um mero acaso, já que eu não poderia escrever. Em pouco tempo eu já estava com várias músicas feitas, pedia, então, para que quem estivesse perto de mim e disponível para anotar em um caderno todas aquelas músicas. Minhas primas, primos e alguns amigos me ajudavam, inclusive a ligar o gravador para eu registrar cantarolando, naquele gravadorzinho que o Pereira havia me dado, eu gravava a melodia e a letra eu mesmo cantando, sem nenhum instrumento, até que depois alguém que tocasse violão pudesse passar a limpo e gravar para mim, deixando registrado no gravador, cantando com voz e violão.

Naquela época, por trabalhar em rádio, eu tinha contato direto e constante com duplas sertanejas e cantores que sempre passavam nas rádios para divulgarem seus trabalhos e pedirem para eu executar as músicas em meu programa. Essa seria uma boa oportunidade, um bom caminho para começar a mostrar minhas músicas para esses intérpretes. A maioria ainda estava iniciando na carreira, mas para mim já seria um grande êxito, um ótimo começo. Para minha surpresa, ao mostrar uma das minhas músicas para uma dupla sertaneja, que procurava repertório para seu próximo disco, chamada os Canários da Terra, fui agraciado com muitos elogios, e eles acabaram gravando a minha música "Velha fantasia", que na época já me rendeu um bom dinheiro. Foi quando fiquei sabendo que a liberação da música era paga, e eles pagaram para gravar a música. Fiquei ainda mais animado com isso, pois vi que Deus estava realmente ali comigo. Só coisas boas estavam acontecendo, entrava dinheiro até de onde eu não esperava, pois comecei a compor porque gostava de escrever, nem sabia ainda que podia ganhar dinheiro com isso. Logo depois dessa primeira música gravada outras duplas começaram a me procurar para gravar outras músicas. Vendo que dava certo, comecei a pensar mais alto: por que não procurar alguns autores já consagrados, com nome no mercado, e mostrar o meu trabalho?

De repente, algum cantor famoso poderia gostar e até formar uma possível parceria, mostrando o meu trabalho para intérpretes de maior expressão e duplas de sucesso. Foi quando com a ajuda de amigos, gravei algumas músicas com mais capricho e pedi para que meu tio João levasse a fita até uma das sociedades que representavam os compositores. Com a fita na mão, meu tio procurou uma sociedade que se chamava SABEM (hoje deve ter outro nome), e lá por intermédio do Sr. Hercílio e da Ângela, funcionários daquela empresa, que por sinal foram muito atenciosos e profissionais, depois de terem conhecido um pouco da minha história contada pelo meu tio, ambos resolveram me ajudar nessa causa. Por meio deles a minha fita com as composições acabou chegando nas mãos de uma grande compositora chamada Fátima Romero. Na época, ela já era consagrada e tinha algumas músicas de autoria dela gravadas com artistas de sucesso, ela adorou uma das minhas músicas e me pediu permissão para dar uma lapidada, deixando a música maravilhosa. Não demorou e a nossa música intitulada:"A hora do Cowboy dormir", foi gravada com a Banda Búfalo.

Poxa vida, estava tudo dando certo! Trabalhando nas rádios, fazendo músicas, eu estava ganhando meu dinheiro, tanto com locução quanto com composição. As portas se abriam cada vez mais. Como por milagre, eu já tinha economizado algo, que daria até para comprar um terreno; e, a cada dia, ficava ainda mais clara e certa em minha mente a imagem da casa que eu compraria para minha mãe, eu não parava de agradecer. Àquela altura eu não tinha mais dúvidas que a semente estava plantada e que Deus continuaria apresentando a mim os caminhos e as pessoas certas no momento certo, para a realização e conquista dos meus sonhos.

Tamanha era a minha confiança que chamei a minha tia Clélia, dona da casa onde nós morávamos, que para nos ajudar cobrava apenas um valor de aluguel simbólico (essa tia é a mesma que já tinha nos ajudado no Paraná), chamei-a cheio de orgulho e disse a ela que se dentro de um ano eu não conseguisse comprar a nossa casa, nós voltaríamos para o Paraná, já que eu havia me aposentado. Embora eu recebesse apenas um salário mínimo, eu poderia fazer locução por lá também, com certeza no interior do Paraná ficaria bem mais fácil viver, pois lá o aluguel e o custo de vida era bem mais acessível. Viveríamos melhor com menos, é claro que eu não gostaria de voltar para lá, no fundo eu tinha a certeza de que compraria a nossa casa em São Paulo, mas falei com minha tia mais para tranquilizá-la e deixar claro que não queria continuar dando prejuízos a ela, pois se desocupássemos a casa ela poderia alugar por um valor bem mais alto. Tanto ela quanto meu tio, assim como toda a família já tinham nos ajudado muito, e eu continuava firme, confiante e seguro que em breve o meu sonho de casa própria se realizaria.

E assim fui seguindo, sempre me aprimorando e me especializando na profissão de locutor e agora também na de compositor. Lembrando de meu amigo frentista: "A vida é mesmo assim, cheia de surpresas!".

Mas desta vez eram só surpresas boas e Deus havia me preparado mais uma: era um dia de domingo, não me recordo exatamente a data, mas foi no ano de 1992, tocou o telefone na casa da minha tia e ela gritou:

– Waldir, é a Fatima Romero, ela quer falar com você.

Como não tínhamos telefone em casa, minha mãe e meu tio me colocaram na cadeira e subiram comigo bem rápido através de uma rampa de madeira improvisada que tinha na escada que dava acesso à minha casa; um segurava atrás da cadeira, empurrando a cadeira para cima, dando a sustentação necessária para eu não cair, e o outro amarrava uma corda na frente da cadeira e me puxava desde o topo da rampa. Recordo que nesse dia tamanha era a pressa para eu atender o telefone que eu literalmente quase caí, mas foi apenas um susto e valeu muito a pena.

Ao atender o telefone, tive uma bela e emocionante surpresa: Fátima Romero me falou que ao lado dela estava um outro compositor, mas não era qualquer um, era o compositor Tivas, simplesmente um dos maiores autores do Brasil que na época já tinha diversas músicas de sucesso, tocando em todas as rádios de sua autoria gravadas com inúmeros artistas de expressão. Fiquei superfeliz, e mais ainda quando ela me disse que ele já tinha ouvido as minhas músicas que estavam com ela e que tinha gostado muito, citou uma delas em particular e disse que ele queria me conhecer. Na hora só me lembro de ter agradecido a Deus por mais esse favor.

– Claro, com certeza, na hora que ele quiser estarei aqui esperando.

Passado uma semana, o próprio Tivas me ligou novamente, recebi dele uma notícia maravilhosa, ele me falou que já havia trabalhado naquela música que tinha ouvido na Fátima Romero e que tinha ficado espetacular, tanto que o motivo de sua ligação era para me dar a notícia de que a dupla Maurício e Mauri, irmãos de Chitãozinho & Xororó, tinham gravado a nossa música intitulada "Corre para mim". O dinheiro referente à liberação dessa música foi muito bom, e minha casa estava cada vez mais próxima...

O mais incrível de tudo – e tenho certeza que como sempre continuava sendo a mão de Deus –, aconteceu algum tempo depois. Eu ainda não conhecia o Tivas pessoalmente, um dia ele me ligou dizendo que queria me conhecer, me pediu para eu lhe passar o endereço, assim que eu falei onde morava, percebi no mesmo instante que ele ficou mudo do outro lado da linha, depois de alguns segundos ele retornou, com tom de espanto:

– Waldir, não acredito! Meu filho mora quase ao lado da sua casa, nessa mesma rua, nesse mesmo bairro, no número 211, e quase todo final de semana eu passo por aí, para visitar ele. Então você deve ser aquele cara que eu sempre vejo sentado numa cadeira de rodas, na garagem de uma casa?

– Sou eu mesmo, eu sempre fico na garagem da casa da minha tia Clélia, pois eu moro embaixo, aqui é minha casa também.

– Mas que coisa – respondeu ele.

– Que coincidência, como explicar?

Com certeza só pode ter sido Deus que estava nos colocando no mesmo caminho, e assim ficou combinado de ele ir me visitar no próximo fim de semana.

Confesso que mesmo tendo facilidade com as palavras e em me comunicar, naquele momento travei diante da presença do Tivas, pois ali estava na minha humilde casa, bem diante de mim, indubitavelmente um dos maiores compositores do Brasil e um dos seres humanos mais generosos que até hoje eu conheci.

Totalmente carregado de emoção consegui cumprimentá-lo e dizer que era um prazer imenso recebê-lo em minha casa. Batemos um longo papo, em alguns momentos, enquanto ele falava comigo, eu me pegava agradecendo a Deus em pensamento, por Ele ter me dado aquela oportunidade de presente, pelo Tivas estar ali na minha casa, ainda sem saber que aquela aproximação mudaria para sempre o rumo da nossa vida. Tivas perguntou muitas coisas a meu respeito, e fui respondendo, comentei a respeito de alguns dos meus sonhos e então ele me falou uma coisa que eu nunca mais esqueci, olhando em meus olhos:

– É possível, sim, Waldir, se você já sabe o que quer e se você acreditar ser possível, você poderá sim realizar e conquistar todos os seus sonhos, apenas continue acreditando e um dia o sonho chega.

Falei para ele que o meu maior sonho era poder comprar uma casa para gente, e ele me respondeu sorrindo:

– Não tenho dúvidas de que você vai conseguir comprar a sua casinha.

Assim que ele foi embora, a primeira coisa que eu fiz, foi novamente agradecer por tudo que estava acontecendo, pois ali naquele momento eu só conseguia sentir a presença de Deus muito embora minha mãe e demais familiares também estivessem ali sempre presentes e juntos de mim. Tudo que eu estava plantando, cada semente virava fruto e essa colheita me pertencia, por isso eu já estava começando a colher... Compreendi então que a minha imensa felicidade se devia por eu plantar as sementes corretas.

Lembro que era uma quarta-feira, no início de 1993, o Tivas novamente me ligou e falando com minha tia, só deixou um recado:

– Por favor, fala para o Waldir que hoje eu vou passar por aí, à noite, pois eu estou com uma excelente ideia e quero fazer uma música com ele.

Depois que minha tia me passou o recado a minha ansiedade era tanta que naquele dia as horas não passavam mais, acho que tomei mais de uma garrafa de café, eu, o simples Waldir de Lazzari, teria a oportunidade de compor uma música com um dos maiores compositores do Brasil! O Tivas viria até mim! Às vezes eu nem conseguia acreditar que era verdade, mas por volta das dez horas da noite ele chegou. Com um caderno e um violão na mão, e um gravador portátil, me falou da ideia, cantarolou a melodia, e então começamos a escrever a letra da música. Era inacreditável, em menos de uma hora a música estava pronta, uma frase dele, outra minha, e tudo se encaixando, como se em algum lugar no universo ela já estivesse preparada, lembro que ele ficou muito feliz ao terminarmos a música, olhou para mim e disse:

– Waldir, fizemos uma grande música, meu amigo. E o título será "O quanto nosso amor valeu".

Minha vida continuou, corria normalmente, eu já até me sentia uma pessoa normal, afinal, eu já acumulava duas profissões, contrariando algumas pessoas que chegaram a duvidar de minha capacidade e êxito e me falaram que isso (minhas composições) não dariam em nada. Claro que muitas outras pessoas, juntamente com a minha mãe e meu tio João Luís, continuavam ali sempre ao meu lado, me ajudando, incentivando e acreditando comigo, ainda bem que eu não dei ouvidos aos pessimistas, meu pensamento continuava ali firme e forte focado no meu principal objetivo que era comprar a casa para minha mãe. Olha aí o frentista de novo: "A vida é mesmo cheia de surpresas!". Só que esta surpresa quase me mata do coração...

Mais uma vez o telefone tocou, e lá vou eu de novo subir a rampa de tábua para atender o meu amigo, e já então parceiro de composições, Tivas, que me pediu o seguinte:

– Me espera aí na garagem, chama sua mãe e seus familiares, que eu tenho um comunicado a fazer, e vou levar um amigo comigo, não tem problema para você, né?

– Não tem problema algum, vou ficar esperando esperando.

– Chegamos em quinze minutos.

Mas que pontualidade! Passaram-se exatos quinze minutos e ele chegou, acompanhado do cantor e compositor Peninha! Eu e minha imaginação... Logo imaginei, o Peninha havia gravado a nossa música, fiquei radiante, feliz, comecei a agradecer em pensamento, ainda sem saber do que se tratava, só faltei sair da cadeira de tanta felicidade e êxtase. Percebi uma alegria imensa no semblante do Tivas, e também do Peninha, ele então veio e parou diante de mim, chamou a minha mãe e disse, exatamente com estas palavras:

– Dona Dora, sabe aquela casinha que vocês sonham tanto, a senhora já pode procurar junto com o Waldir.

Minha mãe perguntou meio que assustada:

– Como assim, Tivas?

Ele respondeu, com seus olhos marejados de lágrimas:

– Dona Dora, Waldir, a nossa música "O quanto nosso amor valeu", foi gravada por Leandro e Leonardo!

> "Sonhe! Busque seus sonhos, você poderá encontrar
> realidades ainda maiores às que havia sonhado...
> Acorde e realize, a vida fará o restante!"
>
> AUTOR DESCONHECIDO

Era simplesmente uma das duplas de maior sucesso da época e que já vendia milhões de discos. Meu coração disparou, não cabia no meu peito de tanta felicidade, percebi que todos ali em volta estavam emocionados inclusive o Peninha, que me cumprimentou pelo êxito me dando um forte abraço, aliás, todos me abraçavam, e nem perceberam que eu estava passando mal, meu coração estava a mil, disparado, estava difícil até para respirar, mas eu aguentei firme e pensei ali comigo: "Não, eu não vou morrer aqui, logo agora, depois de tudo que passei. Vou resistir, ainda mais agora depois de ter recebido mais este maravilhoso favor e presente de Deus".

Naquele momento, tudo era felicidade eu agradecia a Deus em sentimento, nem pensava no valor financeiro, embora o valor recebido pela liberação da música fosse realmente muito dinheiro, tanto que deu para eu comprar a tão sonhada casa, do jeitinho que a gente imaginava, deu para reformar, fazer minha churrasqueira que era mais um de meus sonhos, deu para mobiliar a casa inteira, da maneira que minha mãe queria, e adaptar a casa para atender à minha deficiência. Porém, o meu maior prazer era ver a felicidade da minha mãe com orgulho do seu filho, que não parava de dizer:

– Filho, você conseguiu!!! Waldir, você conseguiu! Você cumpriu sua promessa e me deu a nossa tão sonhada casa. Obrigada por tudo!

Daquele dia em diante passei a acreditar e a confiar ainda mais em mim e nesse poder maravilhoso chamado FÉ, que todos nós possuímos, mas que às vezes duvidamos ou inutilizamos, e com isso impossibilitamos a materialização de nossos sonhos.

Levamos um bom tempo reformando a casa e no dia 14 de novembro de 1994 nos mudamos para a nossa casa nova. Mas aquele dia de imensa felicidade também ficou marcado com uma grande tristeza para mim e toda minha família...

Exatamente neste dia a minha amada e querida vó Maria, a mãe do meu pai, faleceu. Apesar de tanta tristeza por ela "também estar de mudança", sei que partiu daqui muito feliz e que foi embora, mas para morar num lugar muito especial juntinho de Deus.

Já na nossa nova casa, continuei trabalhando com locução e compondo, em parceria com o Tivas e alguns outros compositores que fui conhecendo ao longo da estrada e formatando parcerias.

Algumas músicas de sucesso:

"Pedindo bis"
Gravada por João Paulo e Daniel
Autoria de Tivas e Waldir de Lazzari

"Amor de verdade"
Gravada por Gian e Giovani
Autoria de Waldir de Lazzari e Geraldo Meira

"De déu em déu"
Gravada por Mato Grosso e Mathias
Autoria de Waldir de Lazzari e Geraldo Meira

"Recomeço"
Gravada por Mato Grosso e Mathias
Autoria de Tivas e Waldir de Lazzari

"Tô que tô"
Gravada por Mato Grosso e Mathias
Autoria de Waldir de Lazzari e Geraldo Meira.

Entre outras mais de duzentas músicas gravadas com diversos artistas como Rosa e Rosinha, Beth Guzzo, Os Travessos, André e Adriano e Cristiano Araújo. Algumas gravadas pelo próprio Tivas Miguel (que também é cantor e intérprete), Marcelo Viola e Ricardo, Felipe e Gabriel, Leo e Luccas, e tantos outros que não caberia aqui fazer menção a todos, só tenho a agradecer a cada uma dessas pessoas por fazerem parte de minha vida.

E agora, mais recentemente, no ano de 2013, Deus me permitiu a realização de mais um sonho, ao ter uma música de minha autoria e do Tivas sendo gravada e interpretada pela dupla Zezé Di Camargo e Luciano, intitulada "O tempo é de nós dois". E não tenho dúvidas de que muitas outras coisas boas já estão preparadas e me esperando em algum caminho.

Mesmo dependente de uma cadeira de rodas, de ser tetraplégico e apesar de minhas limitações físicas, todas as minhas maiores conquistas, sem exceção, foram ou estão sendo alcançadas. Graças aos meus sonhos, graças a todos meus familiares e amigos, graças ao meu trabalho e principalmente graças ao grande mestre e criador do universo, que me presenteou em essência com as condições necessárias para todas essas realizações, e por me abastecer com uma carga extra de FÉ todas as vezes em que eu pensei em fraquejar. Nos momentos mais difíceis quando eu não fazia nem ideia por onde começar ou por qual estrada seguir, a voz de Deus sempre se apresentava em forma de inspiração e ele próprio me empurrava (no bom sentido – risos) para os caminhos que me levaram e continuam levando rumo às minhas conquistas e ao sucesso em todos os sentidos de minha vida.

Claro que nem tudo sempre são só flores, nem sempre tudo é fácil como esperamos, por vezes a vida nos prega surpresas indesejáveis e muito dolorosas. Uma delas ocorreu há pouco mais de dois anos, quando eu perdi o meu irmão Valdemir, muito jovem ainda, com apenas 48 anos. Devido a uma trombose, seguida de uma embolia pulmonar que veio a ser fatal, resultado de uma complicação depois de uma cirurgia relativamente simples que ele realizou para correção de um problema em um de seus joelhos. Problema esse ocasionado (pasmem) também por causa de futebol, chegamos inclusive a ser parceiros de time na época que eu ainda jogava.

Mas enquanto Deus nos for permitido o dom da vida, temos que continuar superando cada uma dessas adversidades e acreditar que tudo faz parte de um propósito maior, o qual por não estarmos ainda preparados para entender não podemos sequer discutir ou questionar, só nos cabe aceitar, aprender com as lições e agradecer a Deus por nossa vida e por cada novo dia.

O QUANTO O NOSSO AMOR VALEU
Tivas / Waldir de Lazzari

Tentei mas foi inútil,
Pôr alguém no seu lugar,
Você marcou demais,
Você me fez sonhar,
Busquei em outras bocas,
O sabor do beijo seu,
Em outros braços percebi,
O quanto o nosso amor valeu,
Saiu da minha vida,
Levou a minha outra metade,
E tudo que passamos juntos,
Ficou pra mim só a saudade,
Cadê você que não me liga,
Pra dizer ao menos se está tudo bem?
Ou se alguma vez ouviu,
Seu coração pedindo pra voltar,
Porque eu muitas vezes me peguei aqui sonhando,
Com você chegando dizendo:
Te amo, amor voltei pra ficar

Esta música é algo muito especial para mim, não tenho palavras para explicar o tamanho do meu sentimento por ela. Foi com esta música que consegui realizar um dos meus maiores sonhos desde a infância, não só meu, como também de toda a minha família, ter uma casa própria.

Por isso, agradeço a DEUS de coração por ter nos inspirado a fazer esta linda canção.

Também quero expressar todo meu carinho e gratidão à dupla LEANDRO & LEONARDO por terem me permitido realizar um outro sonho: gravar uma de minhas músicas com uma das duplas mais famosas do Brasil. Sou muito grato ao Leandro por sempre dizer que esta era uma das músicas preferidas de todo seu repertório, causando em mim um orgulho indescritível.

WALDIR DE LAZZARI

Um anjo na minha vida

"Não existe um caminho para a felicidade.
A felicidade é o caminho."
Mahatma Gandhi

E assim nossa vida continuava na maior normalidade, a maioria das coisas dando certo. Eu, minha mãe e nossa família só tínhamos a agradecer por tantos favores divinos em nossa vida. Além de nossa casa, a gente tinha conquistado outros bens materiais: carro, terrenos, e muito mais, contudo eu sentia que faltava ainda alguma coisa, uma pessoa que se apaixonasse e me amasse daquele jeito que só o coração entende...

Só que eu não me abria para ninguém talvez até por preconceito em relação à minha condição física, ou talvez fosse apenas o medo. Confesso que até tentei ter algum tipo de relacionamento com algumas garotas, mas tudo sempre muito vazio.

Às vezes eu pensava ser difícil alguém vir a gostar verdadeiramente de mim naquela cadeira de rodas, apesar de eu saber que o homem é constituído principalmente de alma e caráter e não só de membros e força física, mas tinha receio, pois imaginava que para a maioria das mulheres seria difícil me aceitar na minha condição. Também um pouco por falta de conhecimento, pois nem eu mesmo sabia na época que um cadeirante, ainda que tetraplégico como eu, poderia ter a condição de levar uma vida normal ao lado de uma pessoa amada, felizmente não tardou muito e eu descobri que podia! A vida também não poderia deixar de novamente me surpreender, e *um salve* para meu amigo frentista: "A vida é mesmo repleta de surpresas!".

Para coroar todas as minhas conquistas que já eram muitas para alguém sobre uma cadeira de rodas, Deus apontou para alguém e deve ter dito para ela assim: "Vai lá, ame-o e faça-o muito feliz..."

Como disse, confesso que eu não tinha grandes esperanças em se tratando de paixão, amor verdadeiro, relacionamentos e algo mais nesse sentido, seria para mim a minha maior conquista conseguir uma companheira, uma mulher que ficasse para sempre do meu lado, pois embora eu não acreditasse mais no impossível, achava difícil alguém assumir uma vida a dois comigo. Isso eu não comentava com ninguém, a não ser com um amigo, também parceiro de composições e o mesmo que divide as linhas de minha história, meu amigo Carlão, Carlos Magalhães.

Quando eu contei para ele daquela minha vontade meio reprimida, daquele meu desejo que até então eu escondera e guardava só para mim dentro do meu peito, e quando lhe perguntei o que ele achava de tudo aquilo, ele deu um sorrisinho maroto e me respondeu:

– Waldir, se você já sabe o que quer, e tem certeza do seu desejo, você sabe como fazer, comece por acreditar que merece e que você pode; afinal de contas, foi acreditando que você conseguiu todas suas demais conquistas, você mesmo me ensinou isso. Até aqui, Waldir, você é quem foi o meu professor e mestre, com tantos exemplos de superação por meio de seus exemplos de vida e conquistas, portanto, por favor não me decepcione a esta altura do campeonato... – finalizou ele com a mesma risadinha sorrateira.

Ao que eu respondi:

– Carlos, sei que não é impossível, a vida realmente me ensinou que o impossível não existe, mas na minha situação é muito complicado e difícil, pois eu sou muito exigente e terá que ser uma pessoa muito especial e diferente, alguém que me ame de verdade, que possa se doar em troca apenas de meu amor e da nossa felicidade, que esteja disposta a caminhar comigo e muitas das vezes até me carregar no colo, que esteja disposta a dividir os bons e maus momentos.

Então ele me respondeu:

– Waldir, o caminho, os meios, a gente nunca sabe mesmo, mas o principal é saber o que você quer, onde deseja chegar e acreditar com certeza que alcançará. Não tenho dúvidas de que encontrará a mulher dos seus sonhos, como você mesmo me disse um dia: "Duvide das suas próprias dúvidas e alimente cada dia mais a sua FÉ", mantenha seu sentimento de gratidão a Deus por todos os favores já permitidos e recebidos e inclua este no seu agradecimento, tenho certeza de que essa mulher, já nasceu para você e está por aí, desejando também lhe encontrar, não tenha dúvidas de que ela também merece ser feliz e encontrar a pessoa que nasceu para ela e que por certo é você, ela também está apenas esperando por esse encontro, e como todos os outros milagres que já aconteceram na sua vida e que acontecem na vida de todos nós, quando recorremos ao poder da nossa FÉ. Acredite, amigo, no dia certo, no momento certo você será colocado no caminho dela e ela no seu caminho.

Passou-se o tempo e não é que o meu amigo, Carlão (o Bruxo – risos) tinha razão!

No ano de 1998, DEUS me permitiu a minha maior conquista, o maior presente de todos, *um anjo na minha vida,* do jeitinho que eu havia sonhado. Além de ser linda, além de ter todas as qualidades e requisitos que eu desejava para mim, encontrei no meu caminho uma mulher maravilhosa, alguém que desde o primeiro dia em que eu a vi, tive a certeza absoluta de que eu seria o homem mais feliz do mundo e que também poderia fazer dela uma mulher imensamente feliz.

Naquele ano, mudou-se para a minha rua, para aquela mesma casa onde eu também já havia morado, para ser inquilina da minha tia Clélia, uma mãe e um casal de filhos. Numa bela tarde conversando com minha prima Ivanete ela comentou comigo que havia se mudado para ali, uma moça muito bonita chamada Tanali, e não sei por que (ou melhor no fundo eu até sei) me deu uma vontade quase descontrolada de conhecê-la, fiz plantão várias vezes ficando alguns dias inteiros na garagem da minha tia, só para ver se dava certo de encontrar com ela, atendendo à minha imensa vontade de vê-la, mas não coincidiam os horários. Para minha frustação, às vezes quando eu chegava ela tinha acabado de sair e só retornava depois que eu já havia voltado para minha casa, com isso fui alimentando ainda mais a minha curiosidade e desejo de conhecê-la...

Enfim, chegou o dia, e eu consegui ser apresentado para ela pela minha própria tia Clélia, naquele dia quando os meus olhos pela primeira vez fitaram seus lindos olhos verdes, só eu e Deus sabíamos a revolução que começou a acontecer em meu coração, foi amor à primeira vista, apesar disso ser um pouco piegas, eu não tenho dúvidas de que foi amor à primeira vista. "E agora? Como conquistar aquela linda mulher?" Para mim ela ainda era um sonho muito distante, muito embora fosse real e estivesse presente bem ali do meu lado, eu sabia que além dela eu ainda teria que conquistar também a sua família. Será que eles aceitariam um namoro entre ela e eu sendo a única filha? Ainda que ela também passasse a gostar de mim, será que sua família entenderia o relacionamento com um cadeirante que tinha o dobro da idade dela na época (eu tinha 36 anos, e ela apenas 18 anos), pensando bem, muitos – para não dizer quase todos – fatores estava contra mim. Mas eu não pensei mais naquilo, só ali por um pequeno momento, mas, logo em seguida, voltei a duvidar de cada uma das minhas dúvidas e decidi pôr em prática todo o meu aprendizado anterior.

Ousei acreditar ser possível, decidi que lutaria pelo amor dela e, como tudo com certeza já estava abençoado por Deus, nada mais precisaria ser pensado. Graças a tudo e à minha querida prima Déinha, que contribuiu para nossa aproximação fazendo o papel de cupido, eu consegui ter acesso ao coração daquela linda mulher. Da mesma forma que eu havia me apaixonado por ela, a Tanali, o amor da minha vida, também se apaixonou por mim.

Por isso ratifico que na nossa vida jamais devemos dar vida ao impossível, não devemos desistir jamais de nenhum dos nossos sonhos, seja ele qual for, tenha ele o tamanho que tiver, o impossível só existe até que alguém ou algum milagre prove o contrário.

Sempre que diminuímos o tamanho do nosso sonho para que ele possa caber dentro da nossa realidade atual, esse sonho por certo deixará de existir em nossa mente e não se materializará. Em consequência, não brindaremos a vitória por não ter dado a oportunidade a Deus para que ele pudesse nos conduzir ao caminho da nossa felicidade por meio da realização desse sonho. ACREDITE que a sua realidade futura pode, sim, ser totalmente diferente para melhor, não devemos focar no negativo, devemos acreditar e nos permitir essa oportunidade de ir ao encontro de uma nova realidade, ir ao encontro de uma nova vida repleta de realizações, a realidade anterior se expandirá de forma tal que passe a comportar nosso sonho dentro dela e aquilo que era apenas um simples desejo um simples sonho no passado passará a fazer parte da nossa realidade futura, simplesmente porque nós somos os arquitetos do nosso destino e podemos desenhar o nosso futuro.

Que felicidade para mim, pensei mais uma vez: "Como o universo é perfeito, como as leis que nos regem são maravilhosas e exatas, não é que o impossível não existe mesmo!". Fiquei imaginando aos olhos de quantos amigos, de quantos parentes, de quantas pessoas, tudo aquilo que estava acontecendo pareceria mesmo impossível (a maioria dizia para eu seguir em frente para eu não desistir apenas para me agradar) quantos não desistiriam frente à primeira dificuldade, eu até cheguei a duvidar, mas apenas por um pequeno instante, logo depois eu passei a duvidar da existência do impossível. Desisti, mas desisti de fortalecer os pontos negativos pertinentes à minha situação, passei a focar apenas nos pontos positivos, no amor imenso que eu tinha para dar à Tanali, na felicidade que eu podia lhe proporcionar, na capacidade que eu tinha, por meio de meu caráter, de minhas atitudes e da minha dedicação, de fazê-la sentir a mulher mais feliz e amada do universo.

> "Há mais pessoas que desistem
> do que pessoas que fracassam."
> HENRY FORD

Com isso, permiti que meu desejo se tornasse possível, o meu sonho se consagrou fato e realidade no dia 29 de dezembro de 1998, quando eu a pedi em namoro, e ela, simplesmente sorriu e aceitou. Que coisa maravilhosa, depois do sim, a gente se beijou demoradamente pela primeira vez. "Ah, meu Deus, o que mais eu poderia querer da minha vida?!"

Namoramos por quase quatro anos, ela de uma certa forma me apresentou uma nova vida, uma vida que até então eu desconhecia, pois eu só pensava em trabalhar, em prol da minha família, e nesse sentido nunca tinha pensado muito em mim, não havia parado para pensar nesse meu outro lado de homem, que mesmo numa cadeira de rodas eu também necessitava amar e ser amado.

Para completar minha felicidade tanto a minha família quanto a família dela, sua mãe, dona Diva, seu pai, sr. Araldo, e seu irmão, Alexandre, todos apoiaram o nosso namoro. Todos me aceitaram do jeito que eu era, com minhas qualidades, defeitos e respectivas limitações. Parecia que tudo já estava escrito desde o princípio.

Quanta felicidade! Passeávamos, nos divertíamos indo a festas, praias, saindo à noite para assistir a peças de teatro, shows. Não fosse por pequenas restrições pertinentes à minha condição de tetraplégico, levávamos uma vida normal como a de qualquer outro casal. Eu ficava muito triste sempre que dava o horário em que ela tinha de ir embora, até que um dia, depois de muito preparo psicológico, depois de muito ensaio, eu decidi: a pediria em casamento. Para tanto passei alguns dias matutando o que falar, a melhor forma, as mais bonitas palavras... Então chegou o dia e tomei coragem. A emoção era muito grande, minha boca ficara seca, lembro que quando chegou a hora de falar, de perguntar à Tanali se ela aceitava, eu fiz um monte de perguntas ao mesmo tempo, tudo meio confuso, nada do que eu havia me preparado para falar saiu naquele momento. Acho que nem ela entendeu direito o que eu queria lhe dizer, mas no final arrematei:

– Tanali, você se casaria comigo, você teria coragem de casar comigo, para morarmos juntos? Você gostaria de ser a minha mulher e esposa para sempre?

– Sim, eu aceito! Mas você precisa falar com o meu pai...

E foi o que eu fiz, lá fui eu, pedir ela em casamento ao seu pai. Ele aceitou o meu pedido, mas impôs uma única condição: que ela teria que realizar um sonho dele, cursar e concluir um curso superior e se formar. Ele até aceitaria nosso casamento antes da sua formatura, mas ela teria que cumprir mesmo que fosse somente depois de casada (promessa que viria a ser cumprida já depois de alguns anos que estávamos casados, graças ao seu próprio esforço e muita determinação, pois além de cuidar de mim, da nossa casa, ela estudava e trabalhava ao mesmo tempo, tendo assim a condição para pagar os seus próprios estudos).

Depois de quase um ano de preparativos, muita ansiedade e também uma alegria constante, que quase não cabia em nós, no dia 21 de setembro de 2002, tudo estava preparado. A igreja enfeitada, muitos convidados, coral ao vivo, fotógrafos, equipe de filmagem, tudo havia sido bem planejado do jeito que a gente sonhou, simplesmente lindo.

Naquele sábado, por volta das cinco e meia da tarde, entrava pela porta da igreja Nossa Senhora do Perpétuo Socorro, em Pinheiros, aquela princesa, a mais linda noiva do universo, aquele lindo anjo vestido de branco, caminhava vagarosamente ao lado de seu pai, toda sorridente, para me encontrar no altar, onde eu já esperava com um sentimento incomum, que não pode ser traduzido com simples palavras.

Aquele sentimento fazia minha alma sorrir, e ali, no altar, ao som descompassado das batidas de nossos corações, ao ouvir ela falar"Sim eu aceito"eu me tornei o homem mais feliz do mundo, havia acabado de preencher a minha outra metade.

O padre Joércio que celebrou o nosso casamento estava radiante, ele mesmo não se conteve em emoção vendo a nossa felicidade e o tamanho do nosso amor. Exalava no ar aquele nosso sentimento, o padre ficou contagiado com aquela vibração, com aquele clima. Aliás, o nosso amor contagiou a igreja inteira, mais de trezentas pessoas entre familiares e convidados também se emocionaram com o testemunho daquela cerimônia, mas nada era comparado à emoção indescritível que sentíamos naquele dia único, inesquecível e memorável, palavras do próprio padre:

– Com certeza foi um dos casamentos que eu tive o maior prazer de celebrar.

Hoje, ao escrever este livro, já passados quase treze anos que estamos casados, tenho certeza absoluta de que tudo foi intermediado e abençoado por Deus. O nosso amor só cresce e se fortalece a cada dia que passa, continuamos seguindo adiante, levo uma vida repleta de felicidade ao lado da minha esposa, Tanali Costa Silva de Lazzari.

Logicamente que com o passar dos anos muita coisa mudou, mas no nosso caso as mudanças foram em sua maioria para melhor. Já não moramos mais naquela casa, a qual eu havia comprado para minha mãe, aquela casa se transformou em duas. Depois que eu casei, a minha mãe e meu padrasto quiseram retornar para Sertaneja. Eu e minha esposa também desejávamos ter uma casinha só nossa, então vendemos a casa que eu havia comprado e com mais um complemento compramos duas outras casas, uma casa no mesmo bairro na qual eu moro até hoje com minha esposa, Tanali, e nossos três cachorrinhos (Zidane, Chaquira e Jolie) e uma outra casa no Paraná, conforme a vontade de minha mãe. Só que desta vez não é uma casa de tábua, como no princípio. Ainda que seja uma casa humilde, é bem mais ampla e confortável do que a nossa primeira casa. Minha amada mãe vive muito feliz, por todas essas conquistas que Deus nos permitiu.

Minha missão de vida

"Algo só é impossível até que alguém duvide e acabe provando o contrário."

Albert Einstein

Eu continuo seguindo em frente, compondo músicas com o Tivas e alguns outros parceiros de composição. Minha esposa, Tanali, sempre me apoiando, me incentivando e lutando ao meu lado. Deu-me total apoio para eu voltar a estudar, incentivou para que eu me formasse em locução e junto com meu tio João ela me acompanhava diariamente e me esperava enquanto eu fazia o curso de locutor no Senac (acabou que também se formou como locutora por tabela).

Amo fazer tudo que faço e me dedico a alguns novos projetos como escritor e palestrante por ter a certeza de que faz parte da minha missão de vida ajudar outras pessoas a alcançarem um outro nível de realizações, a também conquistarem seus sonhos.

Quero levar para as pessoas meus exemplos de superação e mensagens sobre a minha lição de FÉ, desejo levar a quantos mais possível for a história da minha vida, relatar como consegui as minhas maiores conquistas – todas depois de meu acidente – mostrar que possuir movimentos só do pescoço para cima, mesmo com limitações físicas, totalmente dependente de terceiros para me carregar onde quer que eu precise ir, tendo como passos a minha cadeira de rodas, não foi empecilho para minhas realizações.

Desejo exemplificar como eu superei as minhas adversidades, com intuito de ratificar que o impossível realmente só existe enquanto lhe damos vida por intermédio de crenças em limitações que aceitamos e impomos como verdadeiras em nossa mente. O impossível só existe enquanto duvidamos que é possível, enquanto não acreditamos em nós mesmos e assim não nos damos a oportunidade de provarmos o contrário, nesta minha jornada ficou mais que comprovado para mim que o impossível só existe até que alguém acredite que pode ser possível, saiba exatamente onde deseja chegar, tenha a ousadia de acreditar que é capaz e ganhe coragem para tomar a atitude necessária de partir para a ação e fazer acontecer!

Nesse momento, como que por mágica, os caminhos certos aparecerão diante de nós, os meios necessários se apresentarão, as portas se abrirão e tudo começa a somar para o êxito nas conquistas desejadas e realizações.

Mantenho no ar o Blog do Tetra[1] que disponibiliza mensagens para reflexão e um vasto conteúdo onde todos pode-

---

1 www.blogdotetra.com.br

rão acompanhar diversas outras informações, minhas músicas já gravadas e algumas inéditas disponíveis para gravação, minha biografia etc. Atualizo semanalmente minha rotina atual, meu dia a dia, disponibilizo alguns vídeos falando a respeito de outras fases específicas da minha vida, fatos que aconteceram comigo, aqui não mencionadas, várias situações e alguns obstáculos os quais eu também tive que enfrentar e superar. Exemplifico como e onde eu busco minhas forças para enfrentar minhas batalhas e de qual forma eu procuro agir quando se faz necessário atravessar períodos em que algumas nuvens negras se transformam em fortes tempestades na nossa vida.

Por meio deste conteúdo, de coração, eu desejo me aproximar mais de cada um de vocês, não só com palavras, mas também em energia, para que possam me conhecer melhor, saber um pouco mais a respeito das minhas crenças, das minhas experiências e do aprendizado que Deus tem me permitido absorver com a MINHA LIÇÃO DE FÉ.

"Aprenda como se você fosse viver para sempre.
Viva como se você fosse morrer amanhã."

MAHATMA GANDHI

Mantenho disponível também no blog a minha agenda, pois atualmente uma das minhas atividades é a realização de palestras motivacionais, em escolas, empresas, prefeituras, creches, igrejas, congressos e onde mais eu for convidado, já que continuo acreditando nos meus sonhos, tamanha é minha confiança em vitórias, que elas estão se tornando cada vez mais frequentes.

Ensejo, por meio deste meu trabalho, me empenhar a cada dia mais com muito amor e fé nesta minha missão, a fim de que possa contribuir para ajudar outras pessoas a também alcançarem seus objetivos, utilizando meus testemunhos como exemplo que evidenciam tantas maravilhosas dádivas permitidas na minha vida, e que por certo também se farão presentes na vida de todas demais pessoas que ousarem acreditar e se dispuserem a ter a sensibilidade de seguir a sua inspiração.

Desejo incitar a importância de fazermos constantemente uma simples reflexão a respeito de valores, a respeito do significado de riquezas, do que verdadeiramente é necessário para sermos felizes, pois acredito que na maioria das vezes aquilo ou as coisas que verdadeiramente têm valor não tem preço de compra e o que tem preço estipulado, por maior que seja esse preço, não significa que tenha realmente valor, infelizmente muitos de nós nos importamos muito com o valor (preço) e não com o valor verdadeiro daquilo que todos possuímos e com aquilo que realmente importa.

E como resultado espero ser agraciado cada vez mais, com uma efetiva transformação na vida de muitas outras pessoas. Onde cada um, ao ver a sua própria vida ser transformada, indubitavelmente passará também a contagiar e impactar a vida de outros ao seu redor, permitindo assim a continuidade desse processo de transformação. Acredito, sim, que cada um de nós, tem o poder para transformar o mundo, a começar pela transformação de sua própria vida. Consequentemente, transformando a vida das pessoas que ama e de seu convívio.

Com tudo isso que me foi permitido por Deus, com tudo o que as lições da vida me ensinaram, desejo poder deixar um legado, contribuindo para que outros também alcancem o sucesso pessoal e a felicidade em todos os sentidos.

Desejo que mais e mais pessoas assim como aconteceu comigo despertem para os poderes que Deus nos permitiu em essência e nos presenteou juntamente com o dom da vida, independentemente de credo, raça, de condição social ou física, todos nós somos capazes de superar adversidades e vencer.

"É capaz quem pensa que é capaz."

Buda

Conforme minha crença, todos possuímos ferramentas essenciais para obter êxito na vida, a forma como as utilizamos é que determinará a qualidade dos frutos em nossas futuras colheitas, cabe a cada um de nós fazer a escolha das melhores sementes.

Utilizando o poder do pensamento, o poder do amor, o poder da palavra, o poder da fé e o poder do nosso livre-arbítrio. Acredito também que devemos assumir plena responsabilidade por nossas ações e aceitar as respectivas reações (a lei da causa e efeito), tudo que necessitamos para uma vida plena, feliz e repleta de realizações só depende de nós mesmos.

Essas ferramentas poderosíssimas operam verdadeiros milagres na nossa vida, mas como eu disse anteriormente essa é minha certeza fundamentada em minhas próprias experiências. Não tenho dúvidas que todos nós possuímos esses poderes, eu me refiro aos que foram concedidos por Deus. Por eu acreditar Nele como nosso pai, criador, mestre e arquiteto do universo, presente em todas as coisas e em cada um de nós, podendo se manifestar por meio de nossa inspiração sempre que a Ele recorrermos, não tenho dúvida que tais poderes se manifestam em qualquer pessoa que acredite e tenha uma mente e um coração, alheia a qualquer religião.

Esses poderes se fundamentam nas leis da vida, nas leis universais, nas regras exatas e absolutas que regem desde a menor partícula existente e que buscam manter a ordem e o equilíbrio em todo o cosmos, em todo o universo, em todos os seres. Por isso, tais regras não poderiam deixar de se aplicar também a cada um de nós, isso independe de crermos ou não, de aceitarmos ou não, de entendermos ou não suas fórmulas matemáticas complexas. Essas forças agem e reagem em nossa vida mesmo que não saibamos como funcionam, quem ou o que as criou, só precisamos aprender como aplicar essas leis a nosso favor. Se observarmos, perceberemos que sempre funcionam, perceberemos como elas se manifestam e ponto.

Tenho me empenhado cada dia mais neste trabalho, pois desejo que o maior número possível de pessoas possam ter a oportunidade de acessar meu material e compreender como eu apliquei na minha vida cada uma dessas ferramentas. Por intermédio de meus exemplos se inspirem e adequem a suas próprias vidas. Dessa maneira, podem então observar os resultados em si próprios e avaliar suas próprias conclusões, optando ou não por redefinir suas próprias crenças.

A consciência individual então possibilita que a energia de todos os pensamentos, palavras e sentimentos produzidos passem a reagir na consciência universal, para que o universo contribua com os meios necessários para a materialização da realidade futura de cada um. Essas crenças que determinarão o que pensar, o que falar, o que sentir, como agir, o que plantar, como se relacionar com tudo neste universo inclusive com o próximo, e tudo isso determinará os efeitos das próximas colheitas na vida de cada um, que com certeza será uma vida repleta de realizações, sucesso e felicidade independentemente de qual seja a situação ou realidade atual, só depende exclusivamente de cada um, a ação de hoje definirá a nossa realidade de amanhã.

Aprendi por meio de MINHA LIÇÃO DE FÉ que para esperarmos resultados diferentes, depende de nós começarmos a fazer coisas novas. Não devemos esperar amanhã uma colheita com frutos diferentes do que estamos colhendo hoje se insistirmos no plantio das mesmas sementes.

O primeiro passo é querer mudar, mas necessitamos também acreditar indubitavelmente que vamos conseguir. Ainda que se faça necessário trocar algumas sementes, precisamos ter a humildade de aceitar que não estamos fazendo a nossa parte a contento, por certo também não deve estar sendo o suficiente. Precisamos, no mínimo, observar com maior atenção aquilo que estamos entregando para a vida, para o mundo e para os outros, é imprescindível a autocrítica.

As leis de Deus são perfeitas e imparciais, a cada novo amanhecer nós temos a liberdade e nos é permitido a oportunidade de selecionarmos e plantarmos novas sementes. Por isso acredite, a sua verdade se tornará concreta. Tome uma atitude, confie no seu potencial, use e abuse do amor, do perdão e da gratidão. Pense com o seu coração, siga sempre sua inspiração, para que possa agir e praticar com seus semelhantes tudo o que faria para si mesmo... Assim estará abastecendo com o melhor combustível o poder ilimitado da sua FÉ.

Entregue à sua inspiração, o comando do leme de seu livre-arbítrio, não tenho dúvidas de que cachoeiras de conquistas, dádivas maravilhosas e milagres passarão a ser uma constante em sua vida, que Deus abençoe a todos, com muito amor, proteção divina, saúde e sucesso em todos os sentidos da vida.

Gratidão a Deus pela vida e a todos

"Porque onde estiver o vosso tesouro,
aí estará também o vosso coração."
MATEUS 6:21

Estamos todos juntos nessa missão, por isso agradeço a cada um de vocês que está me dando a oportunidade de divulgar este livro, que traduz um pouco de meu aprendizado por intermédio de algumas das principais páginas da minha real história de vida. Sei que ainda tenho muitos caminhos a percorrer e temos uma grande missão a cumprir.

Sendo assim, sou imensamente grato a cada amigo e leitor, pois se faz necessário ir em frente, e esse apoio de cada um de vocês me estimula a seguir adiante. Toda essa energia me permite abastecer com amor e gratidão esta minha locomotiva de FÉ, ela que continuará me levando pelos trilhos da vida por caminhos indicados por Deus, rumo a novos aprendizados, primando por nossa evolução espiritual, rumo a realizações cada vez maiores.

Agradeço por inúmeros sonhos realizados e por tantos outros que já estão a caminho de se concretizar. Agradeço por tanto amor, felicidade e sucesso em todos os sentidos de nossas vidas, agradeço com toda minha emoção, do fundo da minha alma, por acreditar ser possível, por sentir no meu coração que todas próximas conquistas já existem, que já são reais e que infalivelmente se materializarão, pois já nos pertencem.

Deus não colocaria em nossos corações e em nossas mentes nenhum desejo, nenhum sonho que ele mesmo não tivesse primeiro nos dado as condições e ferramentas para a realização. Agradeço por não ter dúvidas que as vitórias que ainda não se apresentaram a nós estão apenas nos esperando nas próximas estações.

A luz e o caminho certo a seguir para esse encontro pertence a Deus, a nós cabe acreditar que o mais feliz final de nossa história já está escrito e que tudo sempre dará certo, devemos para tanto cuidar com muito amor das sementes de nosso plantio a cada novo amanhecer.

Agradeço diariamente a Deus por todos vocês fazendo parte da minha vida: leitores, colaboradores, seguidores, por tantos novos amigos e por todos os favores a mim e a minha família já permitidos. Ainda que nesta caminhada alguns contratempos se apresentem, tenho a certeza de que Deus sempre continuará provendo o melhor para mim, mantenho a certeza e a FÉ absoluta que Deus sempre estará comigo lutando também as minhas lutas.

É certo que nesta longa estrada da vida algumas novas batalhas se farão necessárias vencer. Tudo que existe são possibilidades e ao acreditar nelas novos sonhos surgirão, novas realizações se concretizarão. Não tenho dúvidas de que o melhor ainda está por vir para todos nós.

"Tudo parece impossível, até que seja feito."

NELSON MANDELA

Recordações

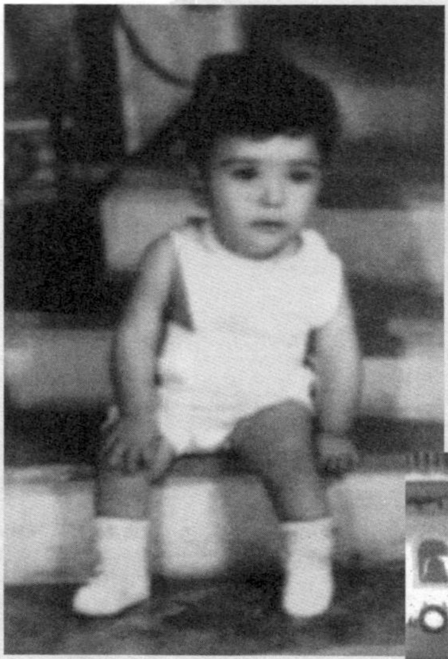

Waldir com 09 meses.

Mãe de Waldir com seu irmão Valdemir no colo e Waldir no colo de seu pai, em 1963.

Da esquerda para direita, Waldir e seus irmãos: Ricardo e Valdemir.

Casa onde Waldir morou quando criança em Sertaneja (1978).

Waldir e seu cunhado Alexandre.

Waldir servindo no segundo grupo de artilharia antiaérea do exercito, em 1980.

Waldir; sua esposa, Tanali; e sua prima Michelle.

Waldir, em 2015.

À direita: Waldir; sua irmã Patrícia; e seu sobrinho João Vitor.

À esquerda: João Vitor; Patrícia; e Tanali.

Waldir; sua esposa, Tanali; e sua irmã Patrícia.

Waldir; sua esposa, Tanali; e seus primos: Kauan, Igor, Rafaella e João Marcos.

Waldir e sua esposa, Tanali,

em seu casamento, em 2002.

Waldir e sua prima Karolini.

Waldir e sua esposa, Tanali, em 2015.

Waldir e meus amigos na Praia Grande, em 1999.

Waldir e Carlos Magalhães, em Minas Gerais, 2014.

Waldir e seu tio João Luís.

Waldir; sua esposa, Tanali; e cantor Daniel, em 2006.

Waldir e seus amigos Rosa e Rosinha, em 2014.

Waldir e sua mãe, Doraci.

Waldir palestrando em São Caetano, em 2014.

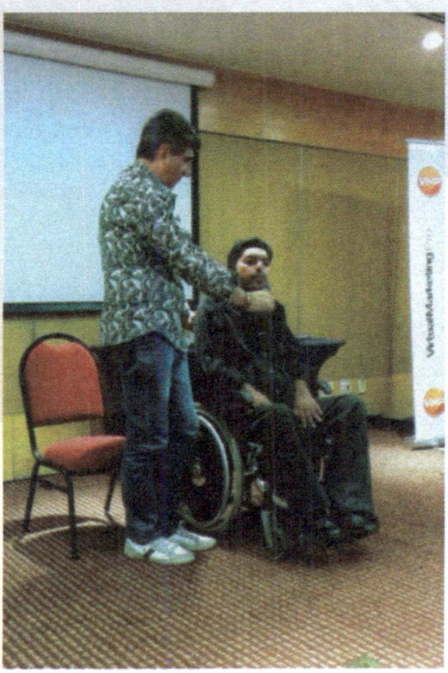

Waldir e Carlos Magalhães na palestra Virtual Marketing Pro, em 2015.

Da esquerda para a direita: Luis Ludovino, Waldir, Carlos Magalhães e Charles Rezende

Da esquerda para a direita: Carlos Magalhães, Waldir, Daniel e seu primo José Miguel.

TÍTULO **Minha lição de fé**
©2016,

Equipe editorial LOURDES MAGALHÃES E LARISSA CALDIN
Preparação LETÍCIA TEÓFILO/PROJECT NINE
Revisão MÔNICA VIEIRA/PROJECT NINE
Capa, projeto gráfico e diagramação PROJECT NINE
Ilustração de capa POUL CARRION

Dados Internacionais de Catalogação na Publicação (CIP)
(Câmara Brasileira do Livro, SP, Brasil)

Lazzari, Waldir de
Minha lição de fé / Waldir de Lazzari, Carlos Magalhães. -- 1. ed. -- São Paulo : Primavera Editorial, 2016.

ISBN 978-85-5578-005-9

1. Compositores - Brasil - Biografia 2. Lazzari, Waldir de I. Título.

15-11136 CDD-780.092

Índices para catálogo sistemático:
1. Brasil : Compositores : Biografia e obra 780.092

PRIMAVERA
EDITORIAL

Av. Queiroz Filho, 1700 Vila B 37
05319-000 – São Paulo – SP
Telefone: (55 11) 3031-5957
www.primaveraeditorial.com
contato@primaveraeditorial.com

MINHA LIÇÃO DE FÉ

foi impresso em São Paulo
pela Bartira gráfica,
para Primavera Editorial em fevereiro de 2016